税理士が陥りやすい

相続対策の落とし穴

―「争族」防止・納税資金・税額軽減・納税申告―

著　山本　和義（税理士）

新日本法規

はしがき

税理士が関与する相続対策では、相続税の申告業務以外にも、生前対策として遺言書の作成、生前贈与、法人の活用及び生命保険への加入などの提案が、相続開始後においては、遺産分割の工夫によって相続税を軽減する対策が必須のものとなります。

相続対策は、亡くなった人から各相続人等が相続や遺贈などによって取得した財産に課税される相続税などを可能な限り軽減することが主たる目的となります。その場合、一定の前提条件を基に相続対策を組み立てることになります。そのため、その前提条件が実際と異なることになると、相続対策の効果も自ずと想定外の結果になることもあります。

相続対策で必ず決めなければならない前提条件としては、①亡くなる順番と、②税制が現状のままである、と仮定することです。

ご夫婦が共に資産家である場合、効率的に相続対策の効果を得るためには、いずれの者の相続対策を優先して実行するのか決める必要があります。例外的に遺言書の作成のような同時並行で行う対策もありますが、限られた時間の中で相続対策の効果を挙げていくためには、いずれかの者の対策を集中して実行することが望ましいです。そのため、亡くなる順番が異なると、相続税の負担に多大の影響が生じます。

一方、相続税は、相続が開始した年の税制によって課税されることになることから、税制改正によって現在効果的な相続税の軽減対策もその効果が減殺されてしまうこともあります。税制は毎年改正されることから、相続開始年の相続税法がどのように改正されているか予想がつきません。そのため、現状の税制が変わらないものと仮定して相続対策を組み立てざるを得ません。税制改正によって相続対策の効果が大きく減殺される結果となる場合には、さらなる対策の実行によってリカバーしなければなりません。そのため、相続対策は、実行したら定期的に見直しが必要とされます。

また、相続税の軽減効果が大きい対策が相談者の希望に叶うものとは限りません。むしろ家族の幸せ対策が重要です。

本書は、一定の前提条件を基に相続対策を実行した後に想定されるリスクや問題点を「落とし穴」として示し、そのリスクに対する「対応策」も解説しています。また、実務で勘違いしている事例も取り上げ、同様に「落とし穴」として解説しています。

30年以上にわたり相続対策のお手伝いをしていると、多くの失敗（ドボン）をし、ヒヤリ・ハッとすることも少なくありません。本書は、著者の失敗事例の開陳でもあり、また、公表された相続税の課税に係る事件、見聞きした事例及び相談を受けた事例の中から、相続対策の落とし穴に関連する事項について、実務において重要かつ頻度の高いものを抽出したものでもあります。

本書が少しでも誤りのない相続対策の参考になれば幸いです。

なお、文中解説において、亡くなった人及び推定相続人を、単に「被相続人」及び「相続人」として表記している部分がありますので、解説の内容に応じて読み替えをお願いします。

また、文中意見にわたる部分は私見ですので、念のため申し添えます。

令和3年10月

税理士　山　本　和　義

著　者　略　歴

山本和義（やまもと　かずよし）

税理士／税理士法人ファミリィ

〔略　歴〕

昭和57年２月　山本和義税理士事務所開業

平成16年３月　税理士法人ＦＰ総合研究所へ改組　代表社員に就任

平成29年９月　税理士法人ＦＰ総合研究所を次の世代へ事業承継し退任

平成29年10月　税理士法人ファミリィ設立　代表社員に就任

〔主な著書〕

「相続税の申告と書面添付―安心の相続を実現するために―」共著（ＴＫＣ出版、2015年）

「相続財産がないことの確認―見落としてはいけない遺産整理業務の要点―」共著（ＴＫＣ出版、2016年）

「税理士の相続業務強化マニュアル」（中央経済社、2017年）

「設例解説　遺産分割と相続発生後の対策―相続税の申告に携わる実務家のための法務・税務のすべて―（6訂版）」共著（大蔵財務協会、2017年）

「相続人・相続分　調査・確定のチェックポイント」共著（新日本法規出版、2019年）

「配偶者居住権と相続対策の実務―配偶者保護の視点から―」（新日本法規出版、2020年）

「専門家としての遺言書作成、生前贈与、不動産管理法人、生命保険の活用による税務実務」（大蔵財務協会、2020年）

「不動産オーナー・税理士のための〔不動産×会社活用〕相続対策の方程式」監修（清文社、2020年）

「Q&A　おひとりさま〔高齢単身者〕の相続・老後資金対策」編著（清文社、2021年）

「タイムリミットで考える　相続税対策実践ハンドブック（令和3年9月改訂）」（清文社、2021年）

略　語　表

＜法令等の表記＞

根拠となる法令等の略記例及び略語は次のとおりです。

相続税法第12条第1項第5号＝相法12①五

平成12年7月3日課資2－264・課料3－12・査察1－28
＝平12・7・3課資2－264・課料3－12・査察1－28

略語	法令等
相法	相続税法
相令	相続税法施行令
会社	会社法
経営承継規	中小企業における経営の承継の円滑化に関する法律施行規則
所法	所得税法
措法	租税特別措置法
措令	租税特別措置法施行令
措規	租税特別措置法施行規則
通則法	国税通則法
民	民法
相基通	相続税法基本通達
措通	租税特別措置法関係通達
評基通	財産評価基本通達
法基通	法人税基本通達

＜判例・裁決例の表記＞

根拠となる判例・裁決例の略記例及び出典の略称は次のとおりです。

最高裁判所平成29年1月31日判決、最高裁判所民事判例集71巻1号48頁
＝最判平29・1・31民集71・1・48

国税不服審判所平成23年7月1日裁決、東裁（諸）平23－1
＝平23・7・1裁決（東裁（諸）平23－1）

略称	出典
判時	判例時報
判タ	判例タイムズ
家月	家庭裁判月報
金判	金融・商事判例
高民	高等裁判所民事判例集
裁判集民	最高裁判所裁判集民事
税資	税務訴訟資料
東高時報	東京高等裁判所判決時報
民集	最高裁判所民事判例集
裁事	裁決事例集

目　次

序　章　相続対策の取り組み方

第1章　相続争い（争族）の防止対策に関する落とし穴

落とし穴　相談事例の場合、甲よりも先（又は同時）に、乙又は丙が死亡した場合に、死亡した者の遺言の当該部分は失効してしまう。そのため、受遺者の相続人が代襲相続することはなく、遺言者の相続人が遺産分割協議によって相続することになる。

そのため、丁も遺産分割協議によって、遺産を取得する可能性がある。

落とし穴　小規模宅地等の特例の適用を受けるためには、特例対象宅地等を相続した全員の選択同意がある場合などが要件とされている。そのため、遺言書によって取得する事業用宅地等について、小規模宅地等の特例の適用を受けようとする場合には、未分割である貸宅地も特例対象宅地等に該当することになるため、相続税の期限内申告において、共同相続人全員による選択同意が得られない場合には、小規模宅地等の特例の適用を受けることができない。

落とし穴　相談事例の場合、乙が遺贈の放棄をしたことによって乙が受けるべきであった財産は、甲の共同相続人が相続することになる。

なお、弟が相続した財産については特別受益と判定され、みなし相続財産に法定相続分を乗じて計算した金額から、弟の受けた特別受益の額を控除した残額がない場合には、弟は乙の遺贈の放棄により帰属する相続財産はないことになる。

第２章　相続税の納税資金対策に関する落とし穴

第３章　相続税の軽減対策に関する落とし穴（生前対策）

30年度の税制改正前であっても、令和2年4月1日以後に開始した相続では、「家なき子」に該当しなくなることから、小規模宅地等の特例の適用の対象とはならない。

【22】 相続時精算課税によって取得した財産の相続税評価額が、相続時には贈与を受けたときよりも低くなる場合……81

落とし穴　相続時精算課税によって贈与を受けた財産は、贈与を受けたときの価額で相続財産に加算して相続税が課されることになっている。
　そのため、贈与を受けた財産がその後値下がりした場合は、贈与を受けなかったときと比較すると相続税が重くなる。この場合、相続時精算課税の贈与を受けた相続人の相続税だけでなく、共同相続人全員の相続税が重くなる。

【23】 住宅取得等資金の贈与を受けたが、贈与税の期限内申告をしていなかった場合……84

落とし穴　住宅取得等資金の非課税贈与については、相続又は遺贈によって財産を取得した者が、その被相続人から相続開始前3年以内に贈与を受けた場合でも、一定の要件を満たす場合には相続財産に加算する必要はない。
　しかし、住宅取得等資金の贈与を受けた場合には、翌年3月15日までに贈与税の申告をすることが必要とされていて、期限内申告が要件とされている。そのため、期限内申告を行っていない場合には、非課税贈与に該当しないことになり、相続財産に加算されることになる。

【24】 使用貸借による「土地の無償返還に関する届出書」を提出していた場合における、その土地の相続税評価額は……86

落とし穴　相談事例の場合、土地の貸借に当たり、「土地の無償返還に関する届出書」を提出していることから借地権の認定課税は受けない。
　しかし、使用貸借によって土地を貸借しているので、その土地は自用地評価額として評価することになる。さらに、小規模宅地等の特例についても「貸付事業用宅地等」に該当しないことから、その特例の適用を受けることができない。

【25】 二方路線に面する土地をどのように遺産分割して取得するかによって、相続税評価額に差が生じる場合……90

落とし穴　相談事例の場合、全体敷地にアパートを1棟建築して一体利用するのか、半分の敷地にアパートを建築するのかによってその土地の評価単位が異なることになる。そのため、土地の評価単位にも留意してアパートを建築する必要がある。

【26】 地積規模の大きな宅地に該当しない土地を、利用区分を変えるなどすることで、地積規模の大きな宅地として評価する場合……93

落とし穴　地積規模の大きな宅地は、路線価地域に所在する土地の場合、「普通商業・併用住宅地区」及び「普通住宅地区」に所在するものとされている。相談事例の場合、甲が所有する土地は普通住宅地区と中小工場地区が混在する土地で、中小工場地区がその宅地の過半となっているので、アパートの建築方法によっては、地積規模の大きな宅地として評価することはできない。

第４章　相続税の軽減対策に関する落とし穴（相続発生後）

【33】 被相続人の正味財産が相続税の基礎控除額以下でも相続税が課税される場合……117

落とし穴 被相続人の正味財産（債務等を控除した後の財産）に生前贈与加算をした金額が、相続税の基礎控除額以下であれば、相続税は課されない。しかし、相続人が取得した財産の価額等から債務等を控除した金額が赤字である場合には純資産価額は0とし、その価額に生前贈与加算をして各相続人等の課税価格が算出される。そのため、遺産分割によっては、各相続人等の課税価格の合計額が基礎控除額を超える計算結果となり、相続税が課されることもある。

【34】 遺産分割協議が調わなかったために、非上場株式等についての相続税の納税猶予の適用を受けることができない場合……120

落とし穴 非上場株式等についての相続税の納税猶予の適用を受けようとする場合には、都道府県知事に対して相続開始の日の翌日から8か月以内に認定申請書を提出しなければならないとされている。認定申請書には、その株式等を誰が相続するのかが決まっていることを示すもの、すなわち、遺産分割協議書又は遺言書の添付が必要とされている。

そのため、相続人間での遺産分割協議が調わなかった場合には、非上場株式等についての相続税の納税猶予の適用を受けることができない。

また、未分割の株式の議決権の行使については、権利を行使する者を1人定めて行うことになるため、権利を行使する者が誰になるかによって、事業承継に支障が生じることもある。

【35】 非上場株式等についての相続税の納税猶予が取消しになる場合……125

落とし穴 相談事例の場合、特例経営承継期間中に叔父が亡くなって、その株式を乙が全株相続すると、所有株式数は250株＋120株＝370株となり、乙が特別関係者の中で筆頭株主となる。この場合、納税猶予を受けている甲の議決権数を上回ることになり、納税猶予額の全部について納税の猶予に係る期限が到来することになる。

【36】 同族株主が取得する株式でも、支配権を有しない同族株主で中心的な同族株主に該当しない場合……127

落とし穴 相談事例の場合、長男が、父のＡ社株式を全株相続すると、長男は同族株主に該当し、原則的評価方式によって評価されることになる。そのため、相続開始後においては母が相続して、母の相続対策でＡ社株式を子や孫へ贈与するなどの方法が考えられるが、対応策にあるような方法が望ましい。

【37】 数年内に第二次相続が開始すると予想される場合、通算相続税が最も少なくなる割合は……130

落とし穴 相談事例の場合、母が法定相続分以上相続すれば、今回の相続税の納付税額は最も少なくなる。しかし、第二次相続（母）までの通算相続税の負担を考慮して、相続する割合を検討しておかなければ通算相続税が重くなる可能性が考えられる。

第5章　相続税の申告に関する落とし穴

索　引

序　章

相続対策の取り組み方

1　相続対策の基本3本柱

相続対策は、相続税対策だけではありません。相続争いの防止や相続税の納税資金対策が優先し、それらの対策を実行することに伴う副次的効果として相続税の軽減に役立つ対策が最も望ましいと考えます。

(1)　「争族」対策

相続対策の中で最も重要かつ最優先で取り組むべき対策です。相続争いは誰しも避けたいと願うものです。しかし、遺産分割協議の場で、ちょっとした言葉の行き違いなどから紛争に発展することも少なくありません。遺産分割協議では、「感情」と「勘定」とが交錯して収拾がつかなくなることもあります。

遺産分割協議が共同相続人間で調わなかったら、弁護士を代理人に立てて交渉することになることもあります。しかし、双方が弁護士を立てて話合いをしても容易にまとまるとは思えません。結局、依頼者である相続人が譲歩することで遺産分割協議が調うことになります。また、家庭裁判所で調停や審判による場合には、法定相続分が前提となるため相続人の一方的な希望を通すことはできません。

それらのことを理解して遺産分割協議に臨むことが必要でしょう。

生前対策で相続争いを防止することに役立つと考えられるのは、遺言書を残しておくことです。しかし、遺言書の書き方によっては遺言書が紛争の元になることもあるため、専門家の指導を受けて作成するようにしましょう。

(2)　納税資金対策

相続争いの防止の次に重要な対策は、相続税の納税資金の確保のための対策です。相続税は原則として全ての財産に対して課されます。そのため、換金処分の困難な財産の占める割合の高い人の場合、相続税の納税資金対策が不十分であると、相続人が相続税の納税に窮することも考えられます。

相続税の税率は10％～55％で、財産が多いと相続税の限界税率が40％以上で課税される事例も少なくありません。相続の開始があったことを知った日の翌日から10か月以内に申告と納税をすることとされているため（相法27①・33）、換金処分のできる優良な資産から処分すると、財産価値の低いものや有効活用の困難な資産だけしか残らないという結果になることもあります。

また、多額の銀行借入金で賃貸不動産などを建築し相続税対策を実行している事例も見受けられますが、その借入金は相続人が長期間にわたり弁済していくことになります。相続税は軽減されたかもしれませんが、相続人にとっては有難迷惑と考える人もいます。

相続対策では、相続税が支払えるだけの資金を確保すればよいので、理想的な姿は、相続税の納税資金が生命保険などの別腹で確保されていて「借金のない」相続です。

(3)　相続税の軽減対策

生前に行われる相続税の軽減対策は不確実なものであることを理解しておかなければなりません。相続税対策を行う場合、一定の前提条件の下、対策を立案し実行します。例えば、亡くなる順番についてです。父と母、そして子がいる標準的な家族の場合、相続税対策では、最初に父が、次いで母が、そして子が亡くなることを前提として相続税対策を組み立てることが一般的です。しかし、母が先に亡くなることも珍しくありませんし、不幸なことに子が先に亡くなることもあります。その場合、相続税対策の効果は消滅したり、逆効果になったりすることも予想されます。

また、将来の税制改正も注意が必要です。相続税は原則として相続開始の日の相続税法が適用されます。そのため、現在効果的な相続税の軽減対策でも、税制改正や財産評価基本通達の改正などによってその効果は減殺されることも考えられます。

以上のようなことから、相続税の軽減対策を重視した対策は失敗する可能性が高いと考えておくことがよいと思います。

相続争いの防止や相続税の納税資金対策を優先して実行し、その副次的効果として相続税の軽減が実現できたとする相続対策があるべき姿だと思います。

2　相続対策を始める前にしておくべきこと

相続対策を始めるに当たって、まず現状を概算でもよいので把握し、どのように財産を承継させたいのかなどの願いを明確にして、適切にアドバイスをしてもらえる専門家に依頼することが相続対策のポイントです。

(1)　現在地を確認する

医学には「予防医学」と「治療医学」がありますが、相続対策は病気の治療と同じで、重要なのは「予防医学」です。相続対策は「予防医学」に当たり、相続税の申告は「治療医学」に該当します。病気は早期にその芽を見つけて、治療を始めれば、治癒させることができます。

そのために必要なのが、健康診断や人間ドックで、それらを受けることで病気をいち早く発見できます。財産の棚卸しは、その健康診断や人間ドックの受診に該当します。財産の棚卸しを実施することで、相続対策の必要性や問題点及びその対応策を見いだすことができます。これにより、被相続人や相続人は「現在地」を確認し、相続対策の重要性を認識して、対策を実行に移す決断ができます。

(2)　目的地を決める

目的地（「願い」）が明確になっていないと対策の立案ができません。何をいつまでに実現したいのか目的地を決める必要があります。そして、被相続人の「願い」を実現する方法を専門家に相談して立案してもらい、検証し、意思決定して実行することが重要です。

また、時の経過とともに、被相続人の願いに変化が生じることもあります。その場合には、必要に応じて相続対策について見直しをすることも必要になります。

(3) 優秀な「カーナビ」を確保してルートを選択する

車の運転では、カーナビで目的地を入力すると複数のルートが表示されます。その中から、自分でルートを選択することになります。目的地に到達するルートは一つとは限りません。

相続対策も同様で、優秀な専門家に相談することで被相続人の願いを実現するための最適な対策を複数提案してもらえます。その中から、必要な時間とコスト、リスクなどを確認して、被相続人や相続人がどの対策を選択し実行するのか決めることになります。

対策を実行する前にあらゆる角度から検証して意思決定を行い、着実に相続対策を実行することが肝要です。

3 どのステップでもできる相続対策

相続対策にかけることのできる時間の長短に応じた相続対策や、相続発生後における相続対策もあります。それぞれの現況に応じた対策が必要です。

(1) 相続対策にかける時間が長いと予想される人

相続対策は長い時間をかけて少しずつ着実に実行することが望ましいと思います。この方法によれば、少ないコストと小さなリスクで相続対策の効果を挙げることができます。

長い時間をかけて相続対策の効果を挙げることができるもので誰でもできる対策に、生前贈与、資産管理会社の活用、生命保険の活用などがあります。

(2) 相続対策にかける時間が短いと予想される人

相続対策は長い時間をかけて着実に実行することが望ましいと分かっていても、相続対策を実行できないままになっている人も少なからずいます。余命半年の宣告を受けて慌てて相続対策に取り組む人もいれば、諦めてしまう人もいます。残された時間が短い場合でも、被相続人の意思能力があれば相続対策はできます。

しかし、コストやリスクは長い時間をかけて行う相続対策に比べて大きなものとなります。

残された時間が短い人でも、遺言書の作成や養子縁組の検討、生前贈与加算の対象者以外の者への贈与や相続税法に規定する非課税贈与や非課税財産への組換えなどは、すぐに実行できて、相続対策の効果を挙げることができる対策の一例です。

(3) 相続開始後の対策

共同相続人間で仲良く遺産分割協議ができる場合には、亡くなられた後でも相続対策は可能です。

第一次相続の相続税の軽減、相続税の納税方法の有利な選択、相続した後の相続人の所得税の軽減及び第二次相続の相続税の軽減などは、遺産分割の工夫次第で実現することができます。

4 家族の幸せ対策

相続対策においては、節税対策よりも、相続税の納税資金対策や、家庭内弱者に配慮した家族の幸せ対策が重要です。特に、遺産分割協議でもめないように生前の対策をしっかりと行うことや、残したい人に確実に財産が残せるような対策を実行しておきたいものです。そのため、遺言書の作成と併せて、遺留分の放棄、相続時精算課税の活用による贈与など生前に遺産分割争いの芽を摘んでおくことが肝要です。

(1) 残したい財産を残してやりたい人へ

相続対策は、残したい財産を相続税から守り残すことができる対策でなければなりません。高い収益が得られる財産や価値の高い財産などは次世代へ残すことができる対策が望まれると思います。例えば、賃貸不動産で空室が多く建物が老朽化しているものは、相続人にとってもお荷物になるだけです。そのような「負動産」については、その現状有姿のまま譲渡するか、建て替えるか、リノベーションによって資産価値を上げておくことなどを実行しておくことが必要です。

また、誰に残したいかを明確にして、生前に贈与するか、遺言書で相続又は遺贈する旨を書き残しておくことも必要です。

(2) 借金を残さない(納税資金も確保しておくこと)

相続税は、積極財産から消極財産を控除し、生前贈与加算をして課税価格を求めて相続税を計算することとされています。そのため、財産のうちに債務(代表例が銀行借入金)があれば課税価格を計算するときに控除されるので、相続税が軽減されることになります。

しかし、その債務は、相続人に引き継がれ、相続人が長期間にわたり弁済しなければならないのです。

国税庁の統計資料では、被相続人1人当たりの債務の金額は年々減少傾向にあります。行き過ぎた相続税対策で、多額の借金を負うことで相続税を軽減する対策に対する反省が感じられます。

＜相続財産の債務等のうち被相続人1人当たりの金額等＞

	平成27年	平成28年	平成29年	平成30年	令和元年
債　務	1314万円	1293万円	1256万円	1176万円	1091万円
葬式費用	210万円	205万円	199万円	195万円	192万円
課税価格	1億4126万円	1億3960万円	1億3952万円	1億3956万円	1億3694万円
課税価格に占める債務の割合	9.3%	9.3%	9.0%	8.4%	8.0%
相続人の数	2.65人	2.62人	2.60人	2.58人	2.56人

※表示単位未満については、四捨五入しています。

（参考：「統計情報」（国税庁）を参考に作成）

(3)　家庭内弱者への配慮

家庭内弱者とは、高齢の配偶者、社会経験のない独身の子、障害を持っている子や孫などが該当します。高齢の配偶者の場合には、固有財産が少ないときは被相続人の遺産分割で一定の財産を取得できればよいのですが、子との将来の関係を重視して遺産分割協議で強く自分の希望を主張できないこともあるかもしれません。

そのような可能性を考慮して、配偶者には、住み慣れた場所で、無償で一生住むことができる「配偶者居住権」又は居住用不動産を取得させることができるよう、遺言書を作成することや贈与税の配偶者控除などを活用して生前贈与しておくことが大切です。また、老後資金の確保のために一定の金銭も取得できるような対策（例えば、生命保険金の受取人に指定しておく）が欠かせません。

また、社会経験のない独身の子、障害を持っている子や孫などは、自ら収入を確保することが難しく、余命を全うするための生活費は多額の金銭が必要となることもあります。その場合、安定的な収益を確保することができるように賃貸不動産を取得し、その子らに相続させることにします。その子らが自ら管理することが困難な場合には、法人で賃貸不動産を取得し、信頼できる人に管理運用を任せるようにしましょう。

5　相続税だけでなく、法人税や所得税、贈与税なども考慮した対策

相続税は、相続開始により相続人などが得た偶然の富の増加に対して、その一部を税として徴収することにより、巨額の財産を相続した者と、しなかった者との間の負

担の権衡を図り、富の過度の集中を抑制するなどの社会政策的な機能を持つといわれています。

相続対策は、相続税の軽減だけでなく、法人税や所得税なども考慮して総合的な対策を立案・実行するようにしなければ、想定外の課税を受けることになりかねません。

(1)　相続税は所得税の補完税

相続税は被相続人の経済活動、生前において受けた社会及び経済上の各種の要請に基づく税制上の特典、その他による負担の軽減などにより蓄積した財産を、相続開始の時点で把握し清算する、いわば所得税を補完する機能を有しています。

(2)　法人税・所得税と相続税

毎年の所得が被相続人に集中している場合には、資産管理会社を活用して、その収入を子などが主宰する資産管理会社へ移転することで、毎年の所得税の軽減(所得税＞法人税）と、将来の相続税の軽減（被相続人の財産の増加の防止）を図ることができます。

また、特定同族会社が被相続人から賃借している土地建物に対する地代・家賃の支払の有無が、小規模宅地等の特例（特定同族会社事業用宅地等）(措法69の4）の適用について左右することとなりますので、賃貸状況などの確認も重要です。

(3)　贈与税と相続税

贈与税は、個人からの贈与により財産を取得した者に対して、その取得財産の価額を課税標準として課税されます。相続によって財産を取得したときは相続税が課税されますが、生前に相続人その他の親族等に財産を贈与することによって、相続又は遺贈と同じ財産移転の効果を得るにもかかわらず相続税の回避ができることになり、税負担の公平が保てなくなるといわれています。贈与税は、これを防止するため、生前贈与に対して課税する、いわば相続税を補完する機能を持っています。

そのため、贈与税は相続税に比べて課税最低限が低く、税率もその累進度合いが高く定められているとともに、相続開始前3年以内の贈与財産価額の相続税課税価格への算入規定が設けられています（相法19)。

しかし、生前贈与を活用した対策では、「相続税≧相続税＋贈与税」で対策の効果を判定すればトータルの税負担は軽減されます。

第 1 章

相続争い（争族）の防止対策に関する落とし穴

【１】 遺言書に記載した内容が不十分であったため、遺産分割協議が必要となる場合

甲は、生涯独身で両親は既に他界しています。甲には兄弟姉妹（乙・丙・丁）が3人います。甲は、丁とは疎遠であることから、乙と丙に全ての財産を相続させたいと願い遺言書を作成しています。兄弟姉妹には遺留分がないため、このような遺言書を残しておけば、甲の願いは実現できると考えてよろしいでしょうか。

●落とし穴	相談事例の場合、甲よりも先（又は同時）に、乙又は丙が死亡した場合に、死亡した者の遺言の当該部分は失効してしまう。そのため、受遺者の相続人が代襲相続することはなく、遺言者の相続人が遺産分割協議によって相続することになる。 そのため、丁も遺産分割協議によって、遺産を取得する可能性がある。

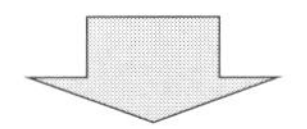

○対応策	相続人が兄弟姉妹である場合には、遺言者と年齢が近いことも多く、兄姉が先に亡くなるとは限らない。そのため、遺言書に補充遺贈をしておくことが肝要となる。 また、夫婦で遺言書を残す場合も同様に、欠かさず補充遺贈しておくことが必要である。

解　説

相続人や受遺者が、遺言者の死亡以前に死亡した場合（以前とは、遺言者より先に死亡した場合だけでなく、遺言者と同時に死亡した場合も含みます。）、死亡した者の遺言の当該部分は失効してしまいます（民994）。遺贈が、その効力を生じないとき、又は放棄によってその効力を失ったときは、受遺者が受けるべきであったものは、相続人に帰属することになります（民995）。

そこで、遺言書に、例えば、「もし、乙が遺言者の死亡以前に死亡したときは、その財産を○○に遺贈する。」と書いておくようにします。これを「補充遺贈」又は「予備的遺言」といいます。

【遺言書の記載例】
第1条　遺言者は、その有する次の不動産を遺言者の弟乙に相続させる。
〔中略〕
第10条　遺言者は、遺言者と同時又は遺言者よりも先に乙が死亡したときは、次のとおり相続させる。
①　第1条に記載した財産は、乙の長男○○に相続させる。
〔以下略〕

このような補充遺贈が行われていれば、甲よりも先に乙が死亡しても、乙の長男が乙に相続させるとしている財産を取得することができます（民995ただし書）。

また、夫婦は年齢が近いことも多いことから、互いに遺言書を残しておくことをお勧めします。その場合、補充遺贈に加えて、遺言者（例えば、夫）が不動産を配偶者（妻）へ相続させる旨を遺言する場合には、遺贈を受ける配偶者は、相続により取得する予定の不動産についても自らの遺言書に遺言しておけば、夫が先に死亡し遺言によって妻が不動産を取得しても、妻は遺言書を書き換える必要はありません。

【2】 全ての特例対象宅地等について遺言書を残さなかったことにより、小規模宅地等の特例の適用を受けることができなくなる場合

父が遺言書を残していて、私と父が一緒に事業を行っている宅地等について、私に相続させると記載されています。法定相続人は私の弟と妹の3人です。父の遺産の中には、事業用宅地等以外にも貸宅地がありますが、遺言書には誰に相続させるか指定がされていません。

この場合に、貸宅地を含めた遺産について、遺産分割協議が調わない場合、私は遺言書によって事業用宅地等を取得して相続税の申告を行い、その後、弟たちと時間をかけて分割協議を進めたいと思います。

相続税法上不利な取扱いを受けることはありませんか。

●落とし穴	小規模宅地等の特例の適用を受けるためには、特例対象宅地等を相続した全員の選択同意がある場合などが要件とされている。そのため、遺言書によって取得する事業用宅地等について、小規模宅地等の特例の適用を受けようとする場合には、未分割である貸宅地も特例対象宅地等に該当することになるため、相続税の期限内申告において、共同相続人全員による選択同意が得られない場合には、小規模宅地等の特例の適用を受けることができない。

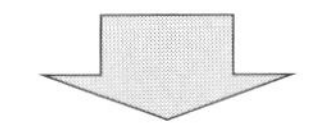

○対応策	事業用宅地等について、遺贈の放棄をして特例対象宅地等の全てを未分割とし、相続税の申告書に「申告期限後3年以内の分割見込書」を添付して申告し、遺産分割協議が調ってから特例選択を行うようにする。しかし、遺産分割協議によって必ずしも事業用宅地等を相談者が取得することができるとは限らないことに留意しておかなければならない。

解　説

小規模宅地等の特例は、適用を受けようとする宅地等が、相続税の申告期限までに分割されていることが要件とされています。そのため、小規模宅地等の特例の対象となる全ての宅地等（以下「特例対象宅地等」といいます。）について、遺言書で相続人に対して「相続させる」と記載しておくことがポイントです。

「相続させる」旨の遺言においては、「何らの行為を要せずして、被相続人の死亡の時に直ちに当該遺産が当該相続人に相続により承継されるものと解すべき」（最判平3・4・19民集45・4・477）との解釈が定着しています。そのため、遺産争いが生じて、遺言書に記載のない特例対象宅地等がある場合には、その宅地等は共同相続人全員による共有状態にあることから、小規模宅地等の特例の選択に当たっては、遺言書で取得した相続人等を含め、共同相続人全員の同意が必要とされます（東京地判平28・7・22税資266・順号12889、措令40の2⑤三）。

なお、それ以外にも、徳島地裁平成15年10月31日判決（税資253・順号9463）は、選択同意書の添付がなかったケースで、選択の同意をしない相続人の取得した特例対象宅地等の面積を除外した残面積について、特例の適用を受けることができる旨を主張しましたが認められませんでした。

そのため、遺言書どおり相続する場合で、他に未分割財産である特例対象宅地等があるときには、期限内申告において共同相続人全員の選択同意が必要となります。そのため、相続税の申告期限後において未分割財産である特例対象宅地等について、遺産分割協議が調ったとしても、「更正の請求」によってもこの特例の適用を受けることはできません。

なお、特例対象宅地等を相続した相続人等の全員の同意が得られない場合に、相続させるとしている宅地等についてその相続人が遺贈の放棄を行い、特例対象宅地等の全てを未分割の状態に戻し、「申告期限後3年以内の分割見込書」を添付した上で、申告期限までに分割されなかった財産について申告期限から3年以内に分割されたときは、小規模宅地等の特例の適用を受けることができます（措法69の4④）。

この場合において、相続税の申告期限から3年を経過する日までに分割できないやむを得ない事情があり、税務署長の承認を受けた場合で、その事情がなくなった日の翌日から4か月以内に分割されたときも、この特例の対象になります（相法32）。

しかし、遺贈の放棄をした者がその後の遺産分割協議において、その宅地等を相続することができるとは限らないことに留意しておかなければなりません。

【参考判例】東京地判平28・7・22税資266・順号12889の概要

1.　被相続人　母（平成22年2月27日死亡）

2.　相続人　長男（母と同一生計）・長女・二女・三女

3.　相続財産

①　東京都北区　土地1278.21㎡（長男の診療所として利用・母の持分457/1000）

②　同上　建物（母の持分457/1000）

③　川口市　土地533㎡（共同住宅の敷地・母の持分1/5）

④　同上　共同住宅2棟

⑤　その他

4.　遺言書の内容

東京都北区の土地建物を長男へ相続させる。

5.　相続税の申告

長男は、東京都北区の土地建物については、遺言書により取得し、特定事業用宅地等の特例を選択して相続税の期限内申告を行った。しかし、申告期限において分割された財産は東京都北区の土地建物のみであり、川口市の土地建物は未分割で、小規模宅地等の特例の適用に当たって、共同相続人全員の同意は得られていない。

＜相続財産の内訳＞

財産の内訳	相続税評価額	てん末
東京都北区土地	1億6143万円	遺言書で長男が相続
東京都北区建物	77万円	同上
川口市土地建物等	2982万円	未分割財産
相続時精算課税適用財産	2億2949万円	受贈者・長男
債務等差額	△517万円	未分割財産
課税価格	4億1634万円	－

6.　小石川税務署による課税処分

未分割財産である川口市の土地は、共同相続人の共有に属していると認められる。小規模宅地等の特例の適用は、特例対象宅地等の全てを相続した全員の選択同意書の添付が必要であり、本件は適用要件を欠くことから小規模宅地等の特例の適用を受けることはできない。

7.　東京地裁の判断

川口市の土地は未分割財産であり、共同相続人の共有に属している。川口市の土地は特例対象宅地等（貸付事業用宅地等）に該当することから、全ての相続人の選択同意書を相続税の申告書に添付して行わなければならないので、本件特例の適用を受けることはできない。

※控訴審の東京高裁でも同様の判決となっている（東京高判平29・1・26税資267・順号12970）。

【3】 特定の相続人にだけ相続させ、その他の財産については、知人に遺贈する内容の遺言書を残す場合

甲の相続人は兄弟姉妹（姉・兄・弟・妹の4人）で、弟にだけ相続させるとした遺言書を残していました。その他の財産については、知人乙に遺贈するという内容の遺言書でした。

甲の相続が開始した後に、乙は遺贈の放棄をすることになりました。

この場合、乙に遺贈するとした財産は誰がどのように相続することになりますか。

●落とし穴	相談事例の場合、乙が遺贈の放棄をしたことによって乙が受けるべきであった財産は、甲の共同相続人が相続することになる。 なお、弟が相続した財産については特別受益と判定され、みなし相続財産に法定相続分を乗じて計算した金額から、弟の受けた特別受益の額を控除した残額がない場合には、弟は乙の遺贈の放棄により帰属する相続財産はないことになる。

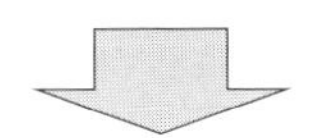

○対応策	甲の意図が、弟以外の兄弟姉妹に遺産を相続させたくないことにあるのであれば、生前において、乙が遺産を受領するか意思確認が必要であり、また、遺言書で、遺贈の放棄があった場合に備えて、補充遺贈をしておくべきである。

解　説

夫婦が作成する遺言書や、兄弟姉妹が相続人である場合の遺言書の作成においては、遺言者と受遺者の年齢が近いことが多いことから、遺言者よりも受遺者が先に亡くなることも予想されるため補充遺贈が欠かせません。

また、遺贈の放棄があった場合に備えて、補充遺贈をしておくことも必要です（民995ただし書）。遺贈の放棄によってその効力を失ったときは、受遺者が受けるべきであ

ったものは、相続人に帰属する（民995）こととされているため、遺言のうちその遺贈の部分に限り、被相続人の死亡時に遡って、相続の効果が生じることになります。

例えば、兄弟姉妹が相続人である場合に、遺産を相続させたくない兄弟姉妹がいるときには、遺言書を残しておけば、兄弟姉妹には遺留分が認められていないため、相続を防ぐことができます。しかし、遺贈する旨指定していた者が遺贈の放棄をすると、遺贈財産は相続財産として、共同相続人間の遺産分割協議により、相続させたくない兄弟姉妹が相続することになりかねません。

その場合、遺贈の放棄があった者の財産は、共同相続人間でどのように具体的相続分額を求めるのか、岡山家裁（抗告審の広島高裁）の事例を用いて確認することとします。

【参考判例】岡山家玉島出審平15・10・15（平15（家）96）、広島高岡山支決平17・4・11家月57・10・86の概要

1．被相続人　甲（妻は先に死亡・子はない）

2．相続人　甲の兄弟姉妹5人（Ａ・Ｂ・Ｃ・Ｄ・Ｅ）

3．遺言の内容

①　Ａに金融資産のうち175/1000を相続させる（8787万円）。

②　Ｇに不動産を遺贈する（2743万円）。

③　以下の者に金融資産をそれぞれ指定した割合で遺贈する。

Ｇに200/1000から債務等を控除した残額（5495万円）、Ｊに175/1000、Ｋに150/1000、Ｌに150/1000、Ｍに150/1000を遺贈する。

※Ｇ～Ｍは甲の相続人以外の知人などに該当する。

4．遺贈の放棄

Ｇは遺贈を放棄した。このことにより、Ｇに対する遺贈（8238万円）は遺産分割協議によって相続人らが取得することになる。

5．岡山家裁（平成15年10月15日）の審判

公正証書遺言の「相続させる」旨の記載が遺贈の趣旨と解されない以上、これをもって民法903条の特別受益とすることはできないので、Ａに対する特別受益はない。

その結果、Ｇが遺贈の放棄をした8238万円は、法定相続分を1/5ずつ分割して相続人が相続することになる。

6．広島高裁（平成17年4月11日）の抗告審の決定

特定物を相続させる旨の遺言により、当該特定物は、被相続人の死亡と同時に相続人に移転しており、現実の遺産分割は、残された遺産についてのみ行われることになるのであるから、それは、あたかも特定遺贈があって、当該特定物が遺産から逸出し、

残された遺産について遺産分割が行われることになる場合と状況が類似しているといえる。

したがって、本件のような「相続させる」趣旨の遺言による特定の遺産承継についても、民法903条1項の類推適用により、特別受益の持戻しと同様の処理をすべきであると解される。

以上のことから、Ａの具体的相続分額はないことになる。

【計算例】

① みなし相続財産

8787万円 ＋ 8238万円 ＝ 1億7025万円

② Ａの相続分

1億7025万円 × 1/5 ＝ 3405万円 ＜ 8787万円取得済み

∴Ａの具体的相続分額は0円

③ Ａ以外の相続人の具体的相続分額

8238万円 × 3405万円 ÷（1億7025万円 － 3405万円）≒ 2059万円

【参考法令】民　法

（特別受益者の相続分）

第903条　共同相続人中に、被相続人から、遺贈を受け、又は婚姻若しくは養子縁組のため若しくは生計の資本として贈与を受けた者があるときは、被相続人が相続開始の時において有した財産の価額にその贈与の価額を加えたものを相続財産とみなし、第900条から第902条までの規定により算定した相続分の中からその遺贈又は贈与の価額を控除した残額をもってその者の相続分とする。

2～4　〔省略〕

（遺贈の無効又は失効の場合の財産の帰属）

第995条　遺贈が、その効力を生じないとき、又は放棄によってその効力を失ったときは、受遺者が受けるべきであったものは、相続人に帰属する。ただし、遺言者がその遺言に別段の意思を表示したときは、その意思に従う。

【4】「その余の財産は○○に相続させる」とした遺言書を残す場合

被相続人甲の遺言書では、「前条までに記載した財産以外の財産については、長男に相続させる」としていました。甲は遺言書を作成した後に、妻が先に亡くなったことから妻から相当額の財産を取得しました。

その場合、遺言書によって長男がその余の財産は相続することができると解釈してよいでしょうか。

●落とし穴	遺言書の解釈に当たって、遺言書の文言を形式的に判断するだけでなく、遺言者の真意を探求すべきとする最高裁判決があることから、相談事例の場合、遺言書の内容によっては、長男が相続することができるとは限らない。

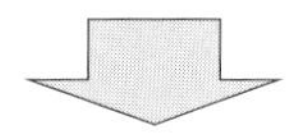

○対応策	遺言書の解釈に当たり、疑念が生じないよう「本遺言書作成後に遺言者が取得した財産については、○○に相続させる」などと記載しておくことが望ましい。

解　説

1　遺言書作成の留意点

夫婦が遺言書を作成する場合、年齢が近いことも多いことから、互いに遺言書を残しておくことをお勧めします。その場合、どちらが先に亡くなるか分からないので補充遺贈は必須となります。

遺言者は、遺言するときにおいてその能力を有しなければなりません。遺言をする能力とは満15歳以上である者（民961）で、自分の行った行為の結果を判断し得る精神能力（意思能力）を有し、自分が1人で契約などの有効な法律行為ができる能力をいいます。高齢になると認知症などを発症し、意思能力を失うことで遺言書の書換えが困難になることが予想されます。

例えば、夫が先に死亡した場合、夫の遺言書で不動産を妻が相続することになると、妻の遺言書に夫から相続した不動産の記載がない場合や、「前条までに記載した財産以外の財産については、○○に相続させる」としていないときは、相続人間で遺産分割協議によることになることから、せっかく遺言書を残しても遺産分割協議で争いになることも予想されます。

しかし、「前条までに記載した財産以外の財産については、○○に相続させる」とした遺言書が残されていても、最高裁判決（最判昭58・3・18裁判集民138・277）では、「遺言を解釈するにあたっては、遺言書の文言を形式的に判断するだけでなく、遺言者の真意を探求すべきものであり、遺言書が多数の条項からなる場合にそのうちの特定の条項を解釈するにあたっても、単に遺言書の中から当該条項のみを他から切り離して抽出しその文言を形式的に解釈するだけでは十分ではなく、遺言書の全記載との関連、遺言書作成当時の事情及び遺言者の置かれていた状況などを考慮して遺言者の真意を探求し当該条項の趣旨を確定すべきものであると解するのが相当である。」としています。そうなると、遺言書作成後に多額の資産を取得した場合には「その余の財産は○○に相続させる」と書いてあっても、それだけでは「その余の財産を全て○○に相続させる」と解してよいのかどうか、判断に迷うところです。

そこで、遺言者（例えば、夫）が不動産を配偶者（妻）へ相続させる旨を遺言する場合には、配偶者は、相続により取得する予定の不動産について、自らの遺言書にその不動産についても遺言しておけば、夫が先に死亡し遺言によって妻が不動産を取得しても、妻は遺言書を書き換える必要はありません。

無用の争いを防止するために、妻の遺言書に夫から相続する予定の不動産について記載をしておくか、「本遺言書作成後に遺言者が取得した財産については、○○に相続させる」などと記載しておくことが無難な方法です。

2　相続税法上の取扱い

相続税の税務調査において新たに発見された財産は、遺言書や遺産分割協議書に「前条までに記載した財産以外の財産は、長男に相続させる」としてあると、長男が相続することになります。

しかし、配偶者が相続すると配偶者の税額軽減の適用を受けることで納付税額を軽減することが期待されます（相法19の2）。そのため、遺言書や遺産分割協議書に「その余の財産は、○○に相続させる」と記載しない方が、相続税が軽減されることもあります。

【設　例】

1．被相続人　父（令和2年3月死亡）

2．相続人　母・長男

3. 相続財産 2億円

4. 遺言書

母に1億円、長男に1億円相続させる。なお、「前条までに記載した財産以外の財産は、長男に相続させる」旨記載がある。

5. 相続税の税務調査

父の遺産4000万円の申告漏れが発見され、修正申告することになった。

6. 相続税の計算

（単位：万円）

	当初申告		遺言書による修正申告		遺産分割による修正申告	
	母	長男	母	長男	母	長男
当初申告財産	10000	10000	10000	10000	10000	10000
修正申告財産	−	−	−	4000	4000	−
課税価格	10000	10000	10000	14000	14000	10000
相続税の総額	3340		4540		4540	
各人の算出税額	1670	1670	1892	2648	2648	1892
配偶者の税額軽減	△1670	−	△1892	−	△2648	−
納付税額	0	1670	0	2648	0	1892

上記の【設 例】の場合、遺言書に「その余の財産は長男に相続させる」旨の記載があることから、相続税の税務調査で発見された財産は長男が相続することになります。

しかし、遺言書又は遺産分割協議書にその旨の記載がない場合には、新たに遺産分割協議によって発見された遺産について誰が相続するかを決めることができます。仮に、母が相続することになると配偶者の税額軽減をフルに活用することで追徴税額を少なくすることができます。

なお、納税義務者の隠蔽又は仮装により過少申告があった場合の配偶者に対する相続税額の軽減の金額の計算においては、「配偶者に係る相続税の課税価格から隠蔽仮装行為による事実に基づく金額に相当する金額（当該配偶者に係る相続税の課税価格に算入すべきものに限る。）を控除した残額」とされています。

【5】 遺言書を残しておかなかったことにより、会社の後継者に必要な資産を相続させたいとの願いを実現することができない場合

甲はA社の創業者で後継予定者は長男です。甲の遺産は大半がA社の株式とA社が甲から賃借している不動産などで占められています。

そのため、相続に当たっては遺産の大半を長男に相続させたいと願っています。

この場合、甲の生前中にどのような対応策を講じておけば甲の願いは実現することができますか。

甲の相続人は、長男と長女の2人です。

●落とし穴	相談事例の場合、甲が遺言書を残さなければ、法定相続分によって遺産分割協議が行われ、長男がA社の後継者として必要な資産を相続することができなくなる可能性がある。また、未分割の株式は準共有状態になりA社の事業承継に支障が生じることもある。

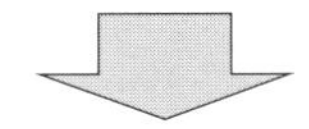

○対応策	自社株対策によって株価を引き下げて長男へ生前贈与をしておく。また、甲からA社が賃借している不動産などを遺言書で長男へ相続させるとしておく。 なお、長女から遺留分侵害額の請求が予想される場合には、代償金を金銭で支払うための資金の対策も講じておかなければならない。

解　説

1　遺言相続が優先

遺言書があれば遺言相続が優先されます（民902）。そのため、遺留分の侵害のある遺言書でも、法定相続に比べると少なくなり、総体的遺留分は、配偶者や子が相続人である場合には、被相続人の財産の1/2となります（民1042）。

【設例1】

1. 被相続人 父（令和3年4月死亡）
2. 相続人 長男・長女
3. 被相続人の遺産の額 2億円
4. 法定相続と遺言書による相続
 ・遺言書がない場合は、法定相続分どおり相続する。
 ・遺言書が残されていた場合は、長男に全ての財産を相続させるという内容と仮定する。
 ・長女は、遺留分侵害額の請求を行うこととする。

（単位：万円）

	法定相続の場合		遺言書による場合	
	長 男	長 女	長 男	長 女
相続財産の額	10000	10000	20000	−
遺留分の請求	−	−	△5000	（※）5000
合 計	10000	10000	15000	5000

※2億円 × 1/2（総体的遺留分の割合）× 1/2（法定相続分）＝ 5000万円

2 遺言書が残されていた場合の特別受益の取扱い

相続人に対する相続開始前の10年間にした生前贈与について、遺留分侵害額の算定基礎財産に含めないとする取扱いは、遺言書がある場合に限られます（民1044③）。そのため、遺言書がなければ、法定相続分（民900・901）によって遺産分割が行われ、相続人に対する特別受益に該当する贈与は、10年より前の贈与であっても、その贈与の価額を加えたものを相続財産とみなし、遺産分割協議を行うことになります（民903）。

なお、相続人以外の者（例えば、子の配偶者や孫など）に対する生前贈与は、相続開始前1年間にした贈与については遺留分算定基礎財産に含まれないとされています（民1044①）。相続人が相続の放棄をした場合には、相続人ではなかったことになるため、相続開始前1年間にした贈与についてのみ遺留分算定基礎財産に含まれることになります。

そのため、生前贈与を行う場合には、遺言書を残しておくことが肝要です。

また、遺留分の侵害があった場合に、遺留分権利者が遺留分侵害額請求権に基づき、遺留分権利者から遺留分侵害額について請求があったときに、請求を受けた者にその金額に相当する金銭が確保されていることが実務対応におけるポイントです。

この場合、生命保険金でその原資を準備しておくことが望ましいと思われます。生命保険金は、受取人固有の財産とされ、原則として遺留分算定基礎財産の対象とはなりません。また、受取人が単独で生命保険金の支払を請求することができることから、遺留分権利者からの遺留分侵害額請求に対して、その生命保険金などを原資として、金銭で速やかな対応をすることも可能となると思われます。

３　遺言書と生前贈与

後継予定者の相続人に対して自社株を生前贈与していた場合の税負担の差異について、以下の【設例２】で確認します。

【設例２】相続人に対する生前贈与がある場合の遺言書の有無による取扱いの差異

1．被相続人　父（令和3年4月死亡）

2．相続人　長男・長女

3．相続財産と遺言書

その他の財産2億円（遺言書によって、長男は1億2000万円、長女は8000万円相続した。）

4．その他

父は平成15年に長男へ自社株1億円（贈与時の価額・相続開始時の価額3億円）を相続時精算課税によって贈与している。

5．相続税の計算

（単位：万円）

	長　男	長　女
その他の財産	12000	8000
相続時精算課税財産	10000	−
課税価格	22000	8000
相続税の総額	6920	
各人の算出税額	5075	1845
納付税額	（注）5075	1845

(注)相続時精算課税による贈与税額を含む。

※遺留分の侵害額又は相続分の判定
2億円 × 1/2（総体的遺留分割合）× 1/2（法定相続分）＝ 5000万円 ≦ 8000万円
侵害額なし

【参　考】相続税の計算（遺言書がない場合）

（単位：万円）

	長　男	長　女
その他の財産	0	20000
相続時精算課税財産	10000	－
課税価格	10000	20000
相続税の総額	6920	
各人の算出税額	2037	4613
納付税額	（注）2037	4613

（注）相続時精算課税による贈与税額を含む。

※長男の相続分
みなし遺産価額　（2億円 ＋ 3億円）× 1/2（法定相続分）＝ 2億5000万円
2億5000万円 － 3億円 ＝ △5000万円　∴0円

法定相続分によって相続することになると、長女は父から相続することができる財産額は2億円となり、長男の相続分はない（超過特別受益者は最初から相続分がないものとされます（民903②）。）ことになります。

4　相続税の納税猶予の適用を受けることができず事業承継に支障が生じる場合

【34】を参照してください。

【6】 相続人でない甥に遺産を残す方法として、養子縁組か遺言書のいずれかの方法を検討する場合

甲の相続人は、妻と兄弟姉妹（4人）です。しかし、甲は、妻と甥に全ての遺産を相続させたいと考えています。

どのような方法が考えられますか。また、甥はどのような方法を甲にしてもらえば、相続することができる可能性は高くなりますか。

●落とし穴	相談事例の場合、甲は、甥と養子縁組を行うと、第1順位の子がいる相続となるため、相続税の計算において法定相続人の数が減少することにより、相続税が重くなる。 もう一つの選択肢は遺言書で妻と甥に遺産を相続させる旨を書いておくことである。この場合には、兄弟姉妹には遺留分が認められないので妻と甥に全ての財産を相続させることができるが、遺言書の書換えがあれば遺産を取得することができなくなる。

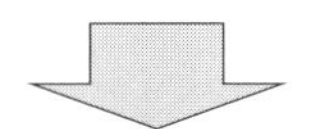

○対応策	甥の立場で考えると、相続税は重くなっても養子縁組による方法が、甲の財産を相続することができる可能性が高くなる。

解　説

養子縁組を行うと、縁組の日から、養親の嫡出子の身分を取得（民809）し、第1順位の相続人となり、兄弟姉妹は法定相続人ではなくなります（民887・889）。しかし、兄弟姉妹の数が多い場合には、養子縁組を行うことで、法定相続人の数が少なくなり、基礎控除額が下がるなど、相続税の計算上不利となることもあります。

【設　例】

1.　被相続人　甲（令和3年4月死亡）

2.　相続人

(1)　養子縁組前　妻・兄・姉・弟・妹

(2)　養子縁組後　妻・養子（妹の子）

3.　相続財産　4億円

4.　遺言書による遺産分割　妻3億円、養子（妹の子）1億円

5.　相続税の計算

（単位：万円）

	養子縁組なし			養子縁組あり		
	妻	妹の子	合　計	妻	養　子	合　計
課税価格	30000	10000	40000	30000	10000	40000
基礎控除額	（注1）6000		6000	（注2）4200		4200
相続税の総額	9850		9850	10920		10920
各人の算出税額	7387	2463	9850	8190	2730	10920
相続税額の2割加算	—	492	492	—	—	—
配偶者の税額軽減	(注3)△7387	—	△7387	△5460	—	△5460
納付税額	0	2955	2955	2730	2730	5460

(注1)法定相続人は、妻、兄、姉、弟、妹の5人で、基礎控除額は3000万円 ＋ 600万円 × 5人 ＝ 6000万円となる。

(注2)法定相続人は、妻、養子の2人で、基礎控除額は3000万円 ＋ 600万円 × 2人 ＝ 4200万円となる。

(注3)配偶者の税額軽減は、法定相続分(3/4)に相当する3億円に対する相続税額となる(民900)。

遺言書による方法では、遺言者は、遺言書をいつでも、何度でも書き換えることができます。そのため、相談事例の場合、甲が遺言書を書き換えると甥は相続することができなくなる可能性があります。

一方、養子縁組が行われていた場合には、縁組の当事者は、その協議で、離縁をすることができる（民811）としていますので、原則として当事者が離縁に同意することが必要です。そのため、甥が知らないうちに勝手に離縁されることはありません。養子縁組による方法では相続税の総額は高くなりますが、遺言書と比較すると甥が相続することができる可能性が高まると考えられます。

【７】 相続税軽減対策のための養子縁組が、相続争いの原因となる場合

父（令和3年4月死亡）の実子は長男と長女の2人です。しかし、父は養子縁組によって相続税が軽減されることについて知り合いの人から教えてもらい、長男の子と養子縁組を行っていました。

相続税対策を目的とする養子縁組は、民法上無効とされませんか。

●落とし穴	「相続税対策で孫と結んだ養子縁組は有効かどうか」について、最高裁平成29年1月31日判決では「節税目的の養子縁組でも直ちに無効とはいえない」と判示している。 しかし、養子縁組によって相続税の軽減効果は期待できるものの、法定相続割合が変動することから、遺産分割協議が紛糾する可能性に留意が必要となる。

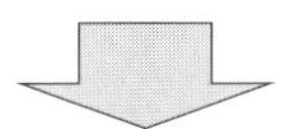

○対応策	相続税対策として行われる養子縁組は、普通養子縁組で、その対策効果の即効性と手続の簡便性から見れば最も優れた対策といえるが、養子縁組を行うことが相続争いの原因となっている事例が散見されているので、節税効果だけでなく相続人への配慮も欠かさないようにする。

解　説

養子縁組の制度の本来の目的、存在理由は、未成年養子縁組といって、親のいない未成年者のための教育、監護、福祉を養親が行うための制度にあるとされています。また、成人についても養子が認められていますが、養子が成人の場合は人為的な家族関係の創設、そして副次的に財産の承継、家庭内経済協力等にあるとされています。

民法では、尊属又は年長者は、これを養子とすることができない（民793）としていますが、養子の数に制限を設けていません。

一方、相続税法では、養子縁組を行うことで、相続税の基礎控除額が増加し、超過累進税率が緩和されることから相続税が軽減されます。養子縁組が本来の目的を逸脱

し、相続税の節税のみを目的とすることのないよう、相続税法においては、以下のように養子の数について制限を設けています（相法15②）。

①　被相続人に実子がいる場合	1人まで
②　被相続人に実子がいない場合	2人まで

また、養子の数を法定相続人の数に含めることで相続税の負担を不当に減少させる結果となると認められる場合、その原因となる養子の数は、上記①又は②の養子の数に含めることはできません（相法63）。

しかし、民法では、養子は、縁組の日から、養親の嫡出子の身分を取得する（民809）としていて、実子と同等の相続分を有することから、養子縁組によって、法定相続分が相続税法と異なることになります。

【設　例】父が長男の妻及び長男の子と養子縁組をした場合の法定相続分

相続人	養子縁組前		養子縁組後	
	民法の法定相続分	相続税法の法定相続分	民法の法定相続分	相続税法の法定相続分
長　男	1/2	1/2	1/4	1/3
長　女	1/2	1/2	1/4	1/3
養子（長男の妻）	−	−	1/4	1/3
養子（長男の子）	−	−	1/4	

上記の【設　例】の場合、養子縁組前の法定相続分は、長男及び長女はそれぞれ1/2ずつですが、養子縁組後は養子を含め、各人の相続分はそれぞれ1/4となります。その結果、長女の相続分は1/2から1/4に半減することから遺産分割協議が紛糾することにもなりかねません。

相続税の節税対策だけに目を奪われて、安易に養子縁組を行うことが相続争いに発展する原因となりかねません。慎重な判断が必要となります。

なお、相続税の節税目的の養子縁組であっても、養子縁組は有効（最判平29・1・31民集71・1・48）としていますが、相続税の負担を不当に減少させる結果と認められる場合には、養子の数について否認される規定が設けられていることに留意しておかなければなりません（相法63）。

【8】 遺留分の放棄があったときに、前提とした相続発生の順番が異なることとなった場合

甲の相続人は、配偶者（妻）と長男及び先妻の子（乙）の3人です。甲は、乙に対して一定額の財産を生前贈与して、その代わりに遺留分の放棄をしてもらいたいと考えています。

この場合、留意すべき点などがあれば教えてください。

●落とし穴	遺留分の放棄があっても相続の放棄ではないため、遺言書が残されていないと遺留分の放棄をした者を含めて遺産分割協議が必要となる。また、相談事例において、甲よりも先に妻が亡くなった場合には、遺留分の割合は変動することについて説明が不可欠である。

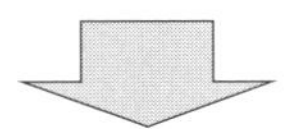

○対応策	甲は、全ての財産につき、妻と長男へ相続させるとする遺言書を作成しておく。また、乙が遺留分の放棄をするに当たっては、乙に対して妻が先に死亡した場合に遺留分相当額が倍増することについて説明をし、納得を得ておくようにする。

解　説

生前に「相続の放棄」をすることはできません。しかし、「遺留分の放棄」は家庭裁判所の許可を受けて行うことができます（民1049①）。遺留分権利者は遺言書に記載された財産だけを受け取るという意思表示になります。

遺留分の放棄は相続の放棄ではありませんので、遺言書が残っていない場合には、遺留分を放棄した者を含めて遺産分割協議を行うこととなります。

遺留分の放棄をする場合に、遺留分相当額の生前贈与をする代わりに遺留分の放棄の手続をしてもらうこともあります。この場合の遺留分相当額については、相続発生の順番によっては遺留分の額が大きく変動することにも留意しておかなければなりません。

【設　例】遺留分の割合の変動

相続人が先妻の子と後妻及びその子である場合などでは、相続の発生順によっては遺留分の割合の変動が生じる。

1.　家族構成　父・母・長男（先妻の子）・長女（父母の実子）

2.　父が死亡した場合の長男の遺留分の割合の変動

(1)　父が先に死亡

(2)　母が先に死亡

3.　長男の遺留分割合

<table>
<tr><th></th><th colspan="3">父が先に死亡した場合(1)</th><th colspan="2">母が先に死亡した場合(2)</th></tr>
<tr><td>総体的遺留分の割合</td><td colspan="3">1/2</td><td colspan="2">1/2</td></tr>
<tr><td rowspan="2">相続人の法定相続分</td><td>母</td><td>長　男</td><td>長　女</td><td>長　男</td><td>長　女</td></tr>
<tr><td>1/2</td><td>1/4</td><td>1/4</td><td>1/2</td><td>1/2</td></tr>
<tr><td>各人の遺留分割合</td><td>1/4</td><td>1/8</td><td>1/8</td><td>1/4</td><td>1/4</td></tr>
</table>

上記の【設　例】においては、母が先に死亡した場合には、長男及び長女の遺留分割合は倍増します。

この【設　例】の場合に、父から長男へ賃貸不動産を贈与する代わりに遺留分の放棄をしてもらうと仮定すると、贈与する賃貸不動産から生じる果実（例えば、賃貸料など）は長男に帰属します。長男が遺留分の放棄をしない場合には、父は遺言書でその賃貸不動産について長男に相続させるとしたときは、父が死亡するまで長男はその果実についてもらうことができません。

母が先に死亡した場合には、遺留分の割合が倍増することになりますが、遺留分相当額の賃貸不動産の贈与を受けておいた方が有利な事例も考えられます。

【９】 自社株の大半を子へ生前贈与し、会社の代表を譲り一役員へと退いたが、その後の親子関係の悪化により、役員を辞任することになった場合

Ａ社の創業者である父は、自社株が最も低くなったと思われるタイミングで後継者の長男へ大半の自社株を生前贈与し、代表者も長男と交代し、取締役会長としてＡ社に残ることとしました。

しかし、その後、親子関係が悪化し、父は株主総会で役員を降りなければならないことになりました。

このような事態が少しでも懸念される場合には、どのように対応しておけばよかったのでしょうか。

●落とし穴	相談事例の場合、長男が大半の株式を所有することになれば、株主総会において役員人事も長男の意思によって決めることができる。そのため、株主総会において、役員の任期満了に伴う改選で父は取締役を辞任せざるを得ないことも起こり得る。

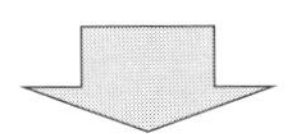

○対応策	株式会社（全株式譲渡制限会社に限る。）又は合同会社の場合には、所有株式数と議決権数は、定款の定めによって異なる取扱いとすることができるので、父は株式を贈与する前に定款を変更し、父が保有する株式については、1株に対し多くの議決権を与えることとし、議決権の過半数をキープしておくようにする。

解　説

株式会社では、株主が保有する株式の内容及び数に応じて、平等に取り扱わなければなりません（会社109①）。そして、株主は、その持株数に応じて、議決権を行使し（会社308①）、配当を受け取り（会社454③）、会社が解散するときには残余財産の分配を受ける（会社504③）のが原則です。

しかし、全株式譲渡制限会社に限っては、株主平等原則の例外が認められています（会社109②)。そのため、会社法108条に規定する種類株式（無議決権株式など）を発行することなく、特定の株主に対して議決権を多く与えたりすることができます。

属人的な定めとして、具体的には以下のような定めが可能です。

① 剰余金の配当について
- ・持株数にかかわらず、全員同額にする。
- ・一株主が受ける剰余金の配当額に上限を設ける。
- ・特定の株主には配当を行わない。

② 残余財産の分配について
- ・特定の資産について、特定の株主に分配する。

③ 株主総会における議決権について
- ・持株数にかかわらず、全株主の議決権数を同じにする（頭数議決権)。
- ・特定の株主の所有株式について、一株複数議決権を認める。
- ・未成年者の株主の議決権を認めない。

④ その他について
- ・取締役の資格を一定数以上の株式を保有する株主に限る。

＜種類株式と属人的株式の差異＞

	対象となる会社	設定内容	定款	登記	権利の帰属
種類株式	公開会社でも発行可能な種類株式がある	株式の権利内容に差異を設定	記載要	必要	株式に帰属（株式が異動すれば権利も異動する。)
属人的株式	非公開会社（全ての株式について譲渡制限のある会社）だけが規定することができる	特定の株主について属人的な取扱いを設定	記載要	不要	人に帰属（株式が異動しても権利は異動しない。)

そこで、株主総会における議決権行使について、特定の株主に多く議決権を付与する定款に変更した場合の議決権数を【設　例】で確認します。

【設　例】

父が100％（発行済株式数100株）所有する会社の株式を、属人的定めによって、「父及び母が所有する株式について、1株当たり100個の議決権を有する」ものとした上で、母へ1株、長男へ98株を生前贈与することとする。

株主	所有株式数		議決権数		
	贈与前	贈与後	贈与前	贈与後	父死亡後（長男が株式を相続）
父	100株	1株	10000個	100個	－
母	－	1株	－	100個	100個
長男	－	98株	－	98個	99個
合計	100株	100株	10000個	298個	199個

所有株式の大半は、長男へ贈与によって移転していますが、議決権は父及び母で過半数を有することとなりますので、長男に対する牽制になります。

以上のことから、業務の執行については、定款で特定の社員に対して過半数の議決権を付与する旨などを規定すれば、出資口数にかかわらず、特定の社員に決定権を与えることができます。

なお、合同会社の社員は、（定款に別段の定めがある場合を除き）持分会社の業務を執行し（会社590①）、社員が2名以上いるときは、（定款に別段の定めがある場合を除き）当該業務を社員の過半数をもって決定します（会社590②）。

業務執行社員を定款で定めた場合は、合同会社の業務は、（定款に別段の定めがある場合を除き）業務執行社員の過半数をもって決定します（会社591①）。

＜法人設立登記の件数（平成26年～令和元年）＞

	平成26年	平成27年	平成28年	平成29年	平成30年	令和元年
株式会社	86639	88803	90405	91379	86993	87871
合名会社	93	119	93	104	87	48
合資会社	104	93	58	58	52	47
合同会社	19808	22223	23787	27270	29076	30566
一般社団法人	6226	5574	6075	6442	6001	6110
一般財団法人	1553	344	324	344	328	281

（出典：「登記統計」19－00－16ほか（法務省））

【10】 当事者間において借地権は認識しないものとする「土地の無償返還に関する届出書」を提出したが、敷地を相続した者に対して借地人である同族法人から借地権の主張があった場合

父が所有していた賃貸建物を同族法人が買い取り、その敷地については父と同族法人との間で、賃貸借によって土地を賃借し、借地権の認定課税を回避するために「土地の無償返還に関する届出書」を所轄税務署に提出していました。

父の相続が開始し、その賃貸建物の敷地は私が相続しましたが、同族法人を承継した相続人から、その賃貸建物の敷地について借地権を主張されました。このような主張は認められるのでしょうか。

●落とし穴	「土地の無償返還に関する届出書」の提出があった場合に、借地権はないものとするのは、税務上の取扱いに限られ、借地借家法では、建物の所有を目的とする土地の賃貸借であれば、借地権が生じることになる。

○対応策	同族法人を承継する者とその賃貸建物の敷地を取得する者を同一人とすれば相談事例のような状態は生じない。そのため、遺言書でそれらの財産を同じ相続人に対して相続させる旨、残しておくようにする。

解　　説

法人が貸借の当事者となっている土地の貸借契約が使用貸借となっている取引事例は、貸主と借主とが同族関係者間である場合に数多く存在し、しかもその同族関係にあるという特殊性を考慮した場合には、土地の使用貸借契約は借地借家法に係る保護規定の適用がないので、そのような取引形態は経済的合理性を有せず不合理で賃貸借契約の偽装行為であると認定して、借地権の認定課税を行うのは問題視されていました（佐藤友一郎編『法人税基本通達逐条解説（9訂版）』1257頁（税務研究会出版局、2019））。

そこで、昭和55年の法人税基本通達の見直しによって、法人が関与する場合には、

当該土地の使用貸借取引が賃貸借取引の偽装行為でなく、真の使用貸借取引であることを証するために課税庁に対して、土地の貸主及び借主双方の連名で「土地の無償返還に関する届出書」を提出することとされました。

そのことによって、法人が貸借の当事者となっている土地の貸借取引で、賃貸借契約の形態を採っている場合においても、当該借地権の設定に際して、通常の権利金を収受せず、かつ使用の対価としての相当の地代も収受していない場合には、相当の地代の額と実際に当事者間で収受している地代の額との差額を基に一定の借地権の価額の認定課税がなされることとなりますが、「土地の無償返還に関する届出書」を提出している場合には、借地権の認定課税はなされないこととされています（法基通13－1－7）。

以上のことから、土地の無償返還に関する届出方式は、土地の貸借取引の一方又はその双方が法人の場合において、当該取引の当事者間において財産的価値認識としての借地権認識を有しないときに、当該貸借取引について使用貸借契約や通常の権利金（又は使用の対価としての相当の地代）を収受しない賃貸借契約を締結したことにより通常問題となるいわゆる借地権の認定課税を回避するための方策であると考えられます。

一方、借地借家法は、建物の所有を目的とする地上権及び土地の賃借権の存続期間、効力等並びに建物の賃貸借の契約の更新、効力等に関し特別の定めをするとともに、借地条件の変更等の裁判手続に関し必要な事項を定めています（借地借家法1）。

借地権とは、建物の所有を目的とする地上権又は土地の賃借権（民601）をいい、その登記がなくても、土地の上に借地権者が登記されている建物を所有するときは、これをもって第三者に対抗することができるとされています。

また、借地に関する規定に反する特約で借地権者に不利なものは、無効とするとされています（借地借家法9）。

そのため、税務上は、「土地の無償返還に関する届出書」を提出している場合で、貸借当事者間で財産権としての借地権の価額は認識しないことを確認していますので、権利金等の認定課税を受けることはありませんが、借地人は借地借家法に基づく借地に係る保護規定の適用が受けられることになります。

【参考法令】民　法

（賃貸借）

第601条　賃貸借は、当事者の一方がある物の使用及び収益を相手方にさせることを約し、相手方がこれに対してその賃料を支払うこと及び引渡しを受けた物を契約が終了したときに返還することを約することによって、その効力を生ずる。

【参考法令】借地借家法

（強行規定）

第9条 この節の規定に反する特約で借地権者に不利なものは、無効とする。

なお、「土地の無償返還に関する届出書」の提出があった場合の税法上の有効性が争われた事例（東京地判平20・7・23税資258・順号10996）における判決では、「無償返還届出の税法上の性質・効果等に照らすと、本件届出書に係る無償返還届出は、認定課税の回避という課税上の利益を享受するための公法上の行為として課税庁に対して行われ、現にこれを享受し得る効果を伴うものとして有効に成立していると認められる以上、当該届出に係る当事者間の無償返還合意の私法上の効力のいかんによって、当該届出の税法上の効果が左右されるものではないというべきである。」と判示しています。

第 2 章

相続税の納税資金対策に関する落とし穴

【11】 貸宅地の物納を検討する場合

相続財産の大半を不動産が占めているため、金銭納付が困難な状況です。そこで、相続した不動産のうち、普通借地権の設定されている貸宅地は賃料収入も少なく、将来無償で借地人から返還されることが期待できないので、物納によって処分したいと思います。

貸宅地は、借地人の権利が付着しているため物納することはできないのでしょうか。

●落とし穴	貸宅地の物納は、管理処分不適格財産と勘違いし、代わりに土地に権利関係が生じていない不動産（更地など）を物納などによって処分すると、有効活用ができる不動産や自由に換金処分することができる優良な不動産を失うことになる。

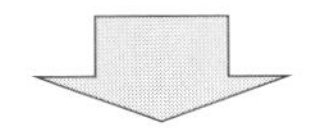

○対応策	貸宅地である不動産は、物納に充てることができる財産の種類の第1順位とされている。そのため、管理処分不適格財産に該当しなければ、物納申請書及び物納手続関係書類を相続税の納期限までに提出すれば、貸宅地は物納することができる。

解　説

租税は、金銭での納付が原則ですが、相続税については、遺産取得課税という性格上、金銭納付の例外として、一定の相続財産による物納が認められています。物納の許可を受けるためには、次に掲げる全ての要件を満たしていなければなりません（相法41①）。

<物納の要件>

① 延納によっても金銭で納付することが困難な金額の範囲内であること（相令17）

② 申請財産が定められた種類の財産で申請順位によっていること（相法41②④⑤）

③ 申請書及び物納手続関係書類を期限までに提出すること（相法42①）

④ 物納適格財産であること（相法41②）

<物納申請財産の選定要件>

① 物納申請者が相続により取得した財産で日本国内にあること
② 管理処分不適格財産でないこと
③ 物納申請財産の種類及び順位に従っていること
④ 物納劣後財産に該当する場合は、他に適当な財産がないこと
⑤ 物納に充てる財産の価額は、原則として、物納申請税額を超えないこと

物納に充てることができる財産は、納付すべき相続税額の課税価格計算の基礎となった相続財産のうち、次に掲げる財産（相続財産により取得した財産を含みます。）で、次に掲げる順位によることとされています（相法41②④⑤）。

順　位	物納に充てることのできる財産の種類
第1順位	① 不動産、船舶、国債証券、地方債証券、上場株式等（特別の法律により法人の発行する債券及び出資証券を含み、短期社債等を除く。）
	② 不動産及び上場株式のうち物納劣後財産に該当するもの
第2順位	③ 非上場株式等（特別の法律により法人の発行する債券及び出資証券を含み、短期社債等を除く。）
	④ 非上場株式のうち物納劣後財産に該当するもの
第3順位	⑤ 動産

物納財産については、物納に充てることができない財産（管理処分不適格財産）と、他に物納適格財産がない場合に限り物納が認められる財産（物納劣後財産）が定められていますが、多くの貸宅地はそのいずれにも該当しません。

そのため、不動産は物納に充てることのできる財産の種類のうちの第1順位であり、その利用区分による優先順位の定めはないことから、貸宅地の物納については、物納申請書及び物納手続関係書類を相続税の納期限までに提出すれば物納によって収納されます（相法42）。

なお、貸宅地が物納に適しているか否かに関する主な調査項目は、理財局長が発遣している「物納等不動産に関する事務取扱要領について」（平18・6・29財理2640）の「別表第5　管理処分適否・劣後判断に当たっての留意事項等」によると、①契約当事者が不確定又は契約内容が不明確ではないか、②社会通念に照らし、契約内容が貸主に著しく不利ではないか、③賃貸料が不当に低廉ではないか、④賃貸料が相当期間滞納と

なっていないか、⑤その他、契約の円滑な継続が困難なものではないか等を調査され、いずれの項目にも該当しない場合に、物納は許可されます。

＜物納申請前から貸し付けている土地の物納手続関係書類＞

提出が必要とされる書類
・土地賃貸借契約書の写し
・賃借地の境界に関する確認書
・賃借人ごとの賃借地の範囲の面積及び境界を確認できる実測図等
・物納申請前3か月間の地代の領収書の写し
・敷金等に関する確認書
・賃借料の領収書等の提出に関する確約書
・建物登記事項証明書

（「物納等不動産に関する事務取扱要領について」（平18・6・29財理2640）別表第2）

管理処分不適格財産である不動産（相令18）	物納劣後財産である不動産（相令19）
①　担保権が設定されていることその他これに準ずる事情がある不動産 ②　権利の帰属について争いがある不動産 ③　境界が明らかでない土地 ④　隣接する不動産の所有者その他の者との争訟によらなければ通常の使用ができないと見込まれる不動産 ⑤　他の土地に囲まれて公道に通じない土地で囲繞地通行権の内容が明確でないもの ⑥　借地権の目的となっている土地で、当該借地権を有する者が不明であることその他これに類する事情があるもの ⑦　他の不動産と社会通念上一体として利用されている若しくは利用されるべき不	①　地上権、永小作権若しくは耕作を目的とする賃借権、地役権等が設定されている土地 ②　法令の規定に違反して建築された建物及びその敷地 ③　土地区画整理法等による事業が施行され、仮換地等の指定がされていない土地 ④　現に納税義務者の居住の用又は事業の用に供されている建物及びその敷地 ⑤　配偶者居住権の目的となっている建物及びその敷地 ⑥　劇場、工場、浴場その他の維持・管理に特殊技能を要する建物及びこれらの敷地 ⑦　建築基準法に規定する道路に2m以上

動産、共有に属する不動産 ⑧　耐用年数を経過している建物 ⑨　敷金の返還に係る債務その他の債務を国が負担することとなる不動産 ⑩　管理処分を行うために要する費用の額がその収納価額と比較して過大となると見込まれる不動産 ⑪　公の秩序又は善良の風俗を害するおそれのある目的等に利用されている不動産 ⑫　引渡しに際して通常必要とされる行為がされていない不動産 ⑬　地上権、賃借権その他の権利が設定されている不動産で、その権利を有する者が暴力団員等であるもの	接していない土地 ⑧　都市計画法における開発行為に適合しない土地 ⑨　都市計画法に規定する市街化区域以外の区域の土地（宅地として造成することができるものを除く。） ⑩　農業振興地域の整備に関する法律に規定する農用地区域として定められた区域内の土地 ⑪　森林法の規定により保安林として指定された区域内の土地 ⑫　法令の規定により建物の建築をすることができない土地 ⑬　過去に生じた事件又は事故等により、正常な取引が行われないおそれがある不動産及びこれに隣接する不動産

【12】 上場株式等の物納を検討する場合

父が令和3年4月に死亡しました。父の財産の主なものは居住用不動産と上場株式等で現預金はわずかです。相続した上場株式等が相続後に大きく値下がりしたので、この株式等の物納を考えていますが、上場株式等は市場で自由に売買することができ、取引日から起算して3営業日目である受渡日（決済日）に現金化できるため、上場株式等を売却して金銭納付しか選択できないのでしょうか。

●落とし穴	物納は、金銭納付が困難な相続人の選択により例外的に認められている。金銭納付が困難な場合には、上場株式等は物納に充てることができる財産であることから、定められた申請期限までに物納申請書など一定の書類の提出をすれば物納が認められる。 上場株式等は物納に充てることができる財産の第1順位の財産であり、その財産を換金処分して相続税の納税に充てる必要はない。

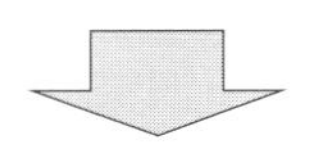

○対応策	物納財産の収納価額は、原則として相続税評価額とされているため、値下がりしている上場株式等を選択して物納することが賢い選択である。

解　説

上場株式等の物納を考える場合には、土地等の物納と比較して手続が容易で、かつ、物納の申請期限が相続の開始があったことを知った日の翌日から10か月以内であることから（相法42①・27①）、相続税評価額と時価を確認しながら、有利な納税方法について事前に十分な検討をすることが必要となります。

上場株式等を物納した場合のメリットには、以下のようなものがあります。

① 物納財産は譲渡税が課されないので大きな含み益の上場株式等は物納有利

個人がその財産を物納した場合には、譲渡がなかったものとみなすこととされています（措法40の3）。

この規定は、延納によっても金銭で納付することを困難とする金額として物納の許可を受けた相続税額に対応する価額の財産についてのみ適用されます（相法41）。

この場合、その上場株式等は、被相続人の取得価額を引き継ぎます（所法60）ので、含み益が大きい場合には、物納によれば、原則として譲渡税は課されないことから、相続税評価額と物納申請時の株価が同額であっても、譲渡税の負担がない分だけ物納選択が有利となります。

② 相続税評価額が物納時の価額より大きいのであれば、相続税評価額により収納されるため物納有利

物納財産を国が収納するときの価額は、原則として相続税の課税価格計算の基礎となったその財産の価額になります（相法43）。そのため、物納申請時の株価が収納価額よりも値下がりしている場合には、物納申請によって納税することが有利となります。

	売　却	物　納
納税に充てることができる価額	（売却時点の時価・売却代金）－（売却手数料）－（譲渡税）	相続税評価額
譲渡税	譲渡益 × 20.315％	非課税（超過物納部分を除く。）
取得費加算の特例	適用あり	超過物納部分については適用あり

＜銘柄別有利不利選択シミュレーション＞

銘　柄	取得価額	相続税評価額（収納価額）	売却する場合（※）		有利選択
			その日の時価	税引き後の納税資金	
A株式	500	1000	800	739	物　納
B株式	500	1000	1500	1297	売　却
C株式	500	1000	1100	978	物　納

※譲渡費用及び相続税額の取得費加算の特例は考慮していません。

【13】 相続財産に多額の現預金が残されている場合でも、物納を選択できる場合

父が令和3年4月に死亡しました。相続財産は不動産が2億円と現預金2億円です。母と私（長男）の2人が相続人ですが、不動産の中の貸宅地を物納したいと思います。

しかし、相続財産の中に多額の現預金が残されているので、金銭納付が困難と判定されないことになり、貸宅地の物納申請をしても物納は認められないのでしょうか。

●落とし穴	物納の要件は、金銭納付が困難である場合に限られている。そのため、相続財産の中に多額の現預金がある場合に、物納を検討する相続人が多くの現預金を相続すると金銭納付困難事由に該当せず、物納は許可されない。

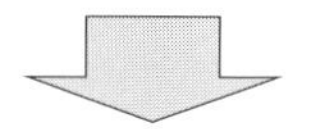

○対応策	金銭納付が困難であるか否かの判定は相続人ごとに行われる。そのため、母が現預金2億円を、子（長男）が不動産2億円を相続すれば、子は金銭納付が困難と判定され、相続した不動産の物納が認められる可能性がある。

解　説

相続税は、金銭による一括納付が原則です。しかし、期限内に金銭で全額納付することが困難な場合には、その困難な金額を限度として、一定の要件の下で、一定の年数の年賦による分割納付を行うこと（延納）ができます（相法38）。

延納によっても金銭で納付することが困難な場合は、その困難な金額を限度として、一定の要件の下で、相続財産による納付を行うこと（物納）ができます（相法41）。

そのため、物納を申請しようと考える場合には、延納によっても金銭で納付することが困難な金額を算定しなければなりません。

金銭で納付することが困難な金額（物納許可限度額）は、「金銭納付を困難とする理由書」（後掲【参考書式】）で計算します。

金銭納付を困難とする理由書には、相続財産の中の現預金だけでなく、申請者の固有財産に係る預貯金や、申請者の固有財産に係る換価の容易な財産（ゴルフ会員権等の権利で取引市場が形成されているものや、養老保険など）も含めて判定します。

原則：金銭納付
↓
特例：延納による金銭納付（期間内に金銭で全額を納付することが困難な場合）
↓
例外：物納（延納によっても金銭で納付することが困難な場合）

金銭納付が困難であるか否かの判定は、相続人ごとに行うことになるため、相続財産の中に多額の現預金が残されていても、遺産分割次第では物納による方法を選択できることもあります。そのことを【設　例】で検証します。

【設　例】

1．被相続人　父（令和3年4月死亡）
2．相続人　母・長男
3．相続財産
　①　現預金　2億円
　②　不動産　2億円（自用地1億4500万円、貸宅地5500万円）
4．遺産分割
　ケース1
　　・母　　現預金1億円、不動産1億円
　　・長男　現預金1億円、不動産1億円
　ケース2
　　・母　　現預金2億円
　　・長男　不動産2億円
5．相続税

（単位：万円）

	ケース1		ケース2	
	母	長　男	母	長　男
現預金	10000	10000	20000	－
不動産（自用地）	7250	7250	－	14500

不動産（貸宅地）	2750	2750	−	5500
課税価格	20000	20000	20000	20000
相続税の総額	10920		10920	
各人の算出税額	5460	5460	5460	5460
配偶者の税額軽減	△5460	−	△5460	−
納付税額	0	5460	0	5460

6．物納の可否

ケース1の場合、長男は相続した現預金から相続税の納税が可能なので、全額金銭一時納付が求められます。

ケース2の場合、長男は、不動産のみを相続し現預金は相続していません。そのため、長男固有の金銭等や、一定の安定した収入等がない場合には、相続した不動産の中の貸宅地は物納申請によって物納は許可されると考えられます。

その場合、超過物納（5500万円－5460万円）となりますが、超過物納は物納財産の性質・形状その他の特徴により、物納許可限度額を超える価額の財産を物納することについてやむを得ない場合にのみ認められます（相法41①、相令17）。この場合の「やむを得ない事情」とは次のような場合をいいます（相基通41－3）。

(1)	その財産が土地の場合で、分筆で物納に充てようとする土地や分筆した残りの土地が、その地域における宅地や駐車場としての一般的な広さを有しなくなるなど、通常の用途に供することができないと認められる場合
(2)	建物、船舶、動産などのように、分割することが困難な財産である場合
(3)	法令等の規定により一定の数量又は面積以下に分割することが制限されている場合

したがって、【設　例】の場合には、分筆をしたことにより物納後の残地の面積が極端に小さくなってしまい、通常の用途に供することができないと認められる場合には、その土地を物納する以外に納税が困難なときには超過物納が認められます。

なお、物納許可限度額を超えて、財産の物納が許可された場合には、納付すべき相続税額と物納財産の収納価額との差額が超過物納による過誤納金として金銭で還付され（相基通41－4）、還付された部分については、通常の土地の譲渡の場合と同様に譲渡所得税の課税対象となります。

また、この場合、国に対する譲渡に該当するため、譲渡所得税の計算においては次の減額特例が適用できますので、適用を失念しないように留意してください。

① 優良住宅地の造成等のために土地等を譲渡した場合の長期譲渡所得の課税の特例（措法31の2）

国に対する土地等の譲渡については、長期譲渡所得のうち、2000万円以下の金額について、10%の軽減税率が適用されます。

② 短期譲渡所得の課税の特例（措法32）

国に対する土地等の譲渡については、短期譲渡所得に係る所得税率が30%から15%に軽減されます。

③ 相続財産に係る譲渡所得の課税の特例（措法39）

相続税の申告期限から3年以内に相続財産を譲渡した場合には、相続税額のうち一定金額を譲渡財産の取得費に加算することができます。ただし、加算できる相続税額の計算においては、物納許可限度額に相当する部分についてはこの規定の対象とならず、超過物納による金銭還付部分のみ対象となります。

【参考書式】金銭納付を困難とする理由書

金銭納付を困難とする理由書

（相続税延納・物納申請用）

令和　　年　　月　　日

税務署長　殿

住　所＿＿＿＿＿＿＿＿＿＿＿＿＿＿＿

氏　名＿＿＿＿＿＿＿＿＿＿＿＿＿＿＿

令和　　年　　月　　日付相続（被相続人　　　　　　　　）に係る相続税の納付については、

納期限までに一時に納付することが困難であり、
延納によっても金銭で納付することが困難であり、
その納付困難な金額は次の表の計算のとおりであることを申し出ます。

1　納付すべき相続税額（相続税申告書第１表㉔の金額）		A	円
2　納期限（又は納付すべき日）までに納付することができる金額		B	円
3　延納許可限度額	【A−B】	C	円
4　延納によって納付することができる金額		D	円
5　物納許可限度額	【C−D】	E	円

2 納期限（又は納付すべき日）までに納付することができる金額の計算	(1)　相続した現金・預貯金等	（イ＋ロ−ハ）	【　　円】
	イ　現金・預貯金（相続税申告書第15表の金額）	（　　円）	
	ロ　換価の容易な財産（相続税申告書第11表・第15表該当の金額）	（　　円）	
	ハ　支払費用等	（　　円）	
	内訳　相続債務（相続税申告書第15表の金額）	［　　円］	
	葬式費用（相続税申告書第15表の金額）	［　　円］	
	その他（支払内容：　　）	［　　円］	
	（支払内容：　　）	［　　円］	
	(2)　納税者固有の現金・預貯金等	（イ＋ロ＋ハ）	【　　円】
	イ　現金	（　　円）	←裏面①の金額
	ロ　預貯金	（　　円）	←裏面②の金額
	ハ　換価の容易な財産	（　　円）	←裏面③の金額
	(3)　生活費及び事業経費	（イ＋ロ）	【　　円】
	イ　当面の生活費（３月分） うち申請者が負担する額	（　　円）	←裏面⑪の金額×3/12
	ロ　当面の事業経費	（　　円）	←裏面⑭の金額×１/12
	Bへ記載する	【(1)＋(2)−(3)】	B　【　　円】

4 延納によって納付することができる金額の計算	(1)　経常収支による納税資金 （イ×延納年数（最長20年））＋ロ	【　　円】	
	イ　裏面④−（裏面⑪＋裏面⑭）	（　　円）	
	ロ　上記２(3)の金額	（　　円）	
	(2)　臨時的収入	【　　円】	←裏面⑮の金額
	(3)　臨時的支出	【　　円】	←裏面⑯の金額
	Dへ記載する	【(1)＋(2)−(3)】	D　　円

添付資料

□　前年の確定申告書(写)・収支内訳書(写)

□　前年の源泉徴収票(写)

□　その他（　　　　　　　　　　　　　　）

（裏面）

1　納税者固有の現金・預貯金その他換価の容易な財産

手持ちの現金の額			①	円
預貯金の額	/　（　　円）	/　（　　円）	②	円
	/　（　　円）	/　（　　円）		
換価の容易な財産	（　　円）	（　　円）	③	円
	（　　円）	（　　円）		

2　生活費の計算

給与所得者等：前年の給与の支給額 事業所得者等：前年の収入金額	④	円
申請者　100,000 円　×　12	⑤	1,200,000 円
配偶者その他の親族　（　　人）×45,000 円　×　12	⑥	円
給与所得者：源泉所得税、地方税、社会保険料（前年の支払額） 事業所得者：前年の所得税、地方税、社会保険料の金額	⑦	円
生活費の検討に当たって加味すべき金額 （加味した内容の説明・計算等　）	⑧	円
生活費（１年分）の額　（⑤＋⑥＋⑦＋⑧）	⑨	円

3　配偶者その他の親族の収入

氏名	（続柄　）	前年の収入　（　　円）	⑩	円
氏名	（続柄　）	前年の収入　（　　円）		
申請者が負担する生活費の額　⑨×（④／（④＋⑩））			⑪	円

4　事業経費の計算

前年の事業経費（収支内訳書等より）の金額	⑫	円
経済情勢等を踏まえた変動等の調整金額 （調整した内容の説明・計算等　）	⑬	円
事業経費（１年分）の額　（⑫＋⑬）	⑭	円

5　概ね１年以内に見込まれる臨時的な収入・支出の額

臨時的収入		年　月頃（　　円）	⑮	円
		年　月頃（　　円）		
臨時的支出		年　月頃（　　円）	⑯	円
		年　月頃（　　円）		

（出典：国税庁ホームページ（https://www.nta.go.jp/taxes/nozei/enno-butsuno/5193/data01/052.doc,（2021.9.8）））

【14】 相続税の納税資金に活用しようと考えていた生命保険金が、長生きをすることにより使えなくなる場合

父が令和3年4月に92歳で死亡しました。父は生命保険に加入していましたが、そのほとんどが90歳までに満期を迎える生命保険契約であったため、死亡保険金は少額でしかなく、相続税の納税資金に活用することができませんでした。

父は、どのような保険を選択していれば、生命保険を相続税の納税資金として活用することができたのでしょうか。

●落とし穴	満期がある生命保険金は、長生きすると満期を迎え満期保険金を受け取ることになる。満期保険金は死亡保険金よりも金額は少なく、かつ、相続税において死亡保険金の非課税規定の適用を受けることができない。

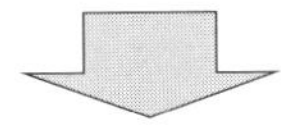

○対応策	相続税の納税資金として生命保険を活用しようと考える場合には、長生きしても保障が得られる種類の保険である一生涯保障の続く「終身保険」を選択しなければならない。終身保険を選択する場合には、保険金額は死亡時まで減額されない種類の保険を選ぶようにする。

解　説

終身保険は、死亡若しくは高度障害状態になったときに保険金が支払われる保険で、一生涯の保障を特徴としていて相続対策などに活用されることが多い保険です。

終身保険にもいろいろな種類があり、①低解約返戻金型終身保険、②積立利率変動型終身保険、③外貨建て終身保険、④変額保険（終身型）などがあります。

この場合、留意すべきことは、終身保険であっても一定の年齢に達すると死亡保障額が減額されるタイプのものもあります。しかし、相続税の納税資金対策として終身保険を活用しようと考える場合には、死亡保障額は逆に増加する若しくは減額されな

いタイプのものを選択すべきです。

さらに、保険料の払込期間についても、終身払いを選択すると、長生きすることで支払保険料の総額よりも死亡保険金が下回ることもあります。そのため、保険料の支払方法は、例えば80歳まで支払うなどとする「有期払い」を選択するようにします。

また、死亡保険金が相続税として課税される場合に、相続人が受け取る死亡保険金のうち、「500万円×法定相続人の数」に相当する金額までは非課税とされている（相法12①五）ことから、保険会社によっては、高齢（例えば、90歳以下）であっても簡単な告知のみで加入することができる商品も販売されています。

【15】 相続した株式の一部を会社が買い取り、その売却代金で相続税を支払う場合

父が大株主となっているＡ社の株式が、相続財産の大半を占めています。そのため、Ａ社の株式の相続税評価額を引き下げるために、メインバンクから持株会社の設立などによる方法の提案を受けています。

この方法によると、かなり株価は引き下げられることになるとのことですが、そのためのコストも大きなものになります。父は後継者である長男が、相続税の納税資金に困らないようにしたいと願っていますが、何か他に方法はないのでしょうか。

●落とし穴	相談事例の場合、相続財産に占めるＡ社株式の割合が高い場合には、その株価を引き下げて相続税を軽減しないと相続税の納税ができなくなるが、持株会社の設立などの対策はコストがかかる。

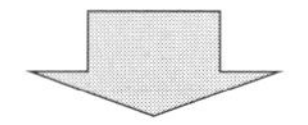

○対応策	相談事例の場合、持株会社の設立が、グループとして一体経営を推進していくことが再編の目的であれば、選択肢の一つと考えられるが、Ａ社株式の相続税評価額の引下げによって、相続税の納税ができるようにすることが主たる目的であれば、相当額のコストをかけてまで行う必要はないと考えられる。 代替案として、相続税の納税資金が不足すると予想される場合でも、Ａ社に現預金が潤沢にあれば、相続開始後にＡ社株式を相続した長男が、Ａ社にその株式を買い取ってもらう（金庫株にする）ことで相続税の納税資金が確保できる。

解　説

1　会社へ相続した株式を譲渡して相続税の納税資金を確保

(1)　会社法の規定

会社が自社の発行した株式を取得することを、「自己株式の取得」といいます。会社

が特定の株主から自己株式を買い取る場合、株主総会の特別決議（当該株主総会において議決権を行使することができる株主の議決権の過半数を有する株主が出席し、出席した株主の議決権の3分の2以上に当たる多数をもって行う決議）が必要になります（会社156①・160①・309②）。

この株主総会では、原則として、会社から株式を買い取ってもらう株主は議決権を行使できません（会社160④）。そのため、他の株主の賛成が得られないと、会社に買い取ってもらうことは困難となることがあります。

また、売主以外の他の株主は、会社に対し、自分も売主に加えることを請求することができます（会社160②③）。しかし、株式会社が株主の相続人から相続により取得した当該株式を取得する場合には、この売主追加請求権の規定は適用されません（会社162）。

なお、①株式会社が公開会社である場合や、②当該相続人が株主総会等で当該株式を株式会社が自己取得することに関して議決権を行使している場合には、原則どおり、売主追加請求権の規定の適用があります（会社162ただし書）ので、注意が必要です。

自己株式を取得して対価を交付することは会社財産の払戻しであることから、原則として、財源規制が設けられていて（会社461）、取得の際に株主に交付する金銭等は、分配可能額を超えることはできません。

財源規制の根拠となる分配可能額は、次のように算定します（会社461②）。

分配可能額 ＝ ①分配時点における剰余金の額（その他資本剰余金 ＋ その他利益剰余金）－ ②分配時点の自己株式の帳簿価額 － ③最終事業年度末日後に自己株式を処分した場合の処分対価 － ④その他法務省令で定める額（有価証券評価差損など）

そこで、先代経営者を被保険者とし、会社を契約者、かつ死亡保険金受取人として、生命保険契約を締結しておき、先代経営者が死亡した場合には、その死亡保険金を原資として、会社は相続人から自己株式を取得するという対策を実行している会社も少なくありません。

また、保険料が一部損金に算入される生命保険では、法人税の課税の繰延べ効果があり、かつ、自社株の相続税評価額の引下げ効果も期待できることから、このような生命保険に加入するのも検討に値するのではないかと思われます。

(2)　譲渡課税の特例

個人が株式をその発行会社に譲渡して、発行会社から対価として金銭その他の資産の交付を受けた場合、その交付を受けた金銭の額及び金銭以外の資産の価額の合計額がその発行会社の資本金等の額のうち、譲渡株式に対応する部分の金額を超えるときは、その超える部分の金額は配当所得とみなされて所得税が課税されます（所法25）。

しかし、相続又は遺贈により財産を取得して相続税を課税された人が、相続の開始があった日の翌日から相続税の申告書の提出期限の翌日以後3年を経過する日までの間に、相続税の課税の対象となった非上場株式をその発行会社に譲渡した場合においては、その人が株式の譲渡の対価として発行会社から交付を受けた金銭の額が、その発行会社の資本金等の額のうちその譲渡株式に対応する部分の金額を超えるときであっても、その超える部分の金額は配当所得とはみなされず、発行会社から交付を受ける金銭の全額が株式の譲渡所得に係る収入金額とされます（措法9の7）。

したがって、この場合には、発行会社から交付を受ける金銭の全額が非上場株式の譲渡所得に係る収入金額となり、その収入金額から譲渡した非上場株式の取得費及び譲渡に要した費用を控除して計算した譲渡所得金額の15.315％に相当する金額の所得税（このほか5％の住民税）が課税されます（措法37の10）。

なお、適用に当たっては、その非上場株式を発行会社に譲渡する時までに「相続財産に係る非上場株式をその発行会社に譲渡した場合のみなし配当課税の特例に関する届出書」を、発行会社を経由して、発行会社の本店又は主たる事務所の所在地の所轄税務署長に提出することが必要です（措令5の2、措規18の18）。

2　相続税額の取得費加算

相続又は遺贈により取得した土地、建物、株式などの財産を、一定期間内に譲渡した場合に、相続税額のうち一定金額を譲渡資産の取得費に加算することができます（措法39）。

この特例の適用を受けるためには、以下の要件を満たす必要があります。

①　相続や遺贈により財産を取得した者であること。

②　その財産を取得した者に相続税が課税されていること。

③　その財産を、相続開始のあった日の翌日から相続税の申告期限の翌日以後3年を経過する日までに譲渡していること。

取得費に加算する相続税額は、次の算式で計算した金額となります。ただし、その金額がこの特例を適用しないで計算した譲渡益（土地、建物、株式などを売った金額から取得費、譲渡費用を差し引いて計算します。）の金額を超える場合は、その譲渡益相当額となります（措令25の16①）。

なお、譲渡した財産ごとに計算します。

【算　式】

$$\text{その者の相続税額} \times \frac{[\text{その者の相続税の課税価格の計算の基礎とされたその譲渡した財産の価額}]}{[\text{その者の相続税の課税価格}] + [\text{その者の債務控除額}]} = \text{取得費に加算する相続税額}$$

第３章

相続税の軽減対策に関する落とし穴（生前対策）

【16】 養子縁組による相続税対策として、実子の他に複数養子縁組をする場合

私には、2人の子と2人の孫がいます。相続税の軽減対策として2人の孫と養子縁組をしたいと考えています。しかし、実子がいる場合、2人養子縁組しても相続税の軽減効果が期待できないと聞きました。本当でしょうか。

●落とし穴	相続税の基礎控除額、相続税の総額の計算、生命保険金の非課税規定及び退職手当金の非課税規定の適用に当たっては、実子がいる場合、原則として複数の養子は1人と数えることとされているため、相続税の軽減効果は期待できない。

○対応策	実子がいても、複数の者と養子縁組をする場合、相続税の軽減効果を確認しておくことが肝要である。養子が未成年者や障害者であれば、複数の養子全員が未成年者控除又は障害者控除の適用を受けることができるなど相続税の軽減効果が期待できる。

解　説

相続税法において、実子がいる場合、原則として複数の養子は1人と数える（相法15②）こととされているのは、相続税の基礎控除額（相法15①）、相続税の総額（相法16）の計算、生命保険金の非課税規定（相法12①五）及び退職手当金の非課税規定（相法12①六）に限られます。

養子縁組によって「相続人」となることで、適用を受けることができる相続税法の主な規定には以下のようなものがあります。

① 未成年者控除（相法19の3）

② 障害者控除（相法19の4）

③ 相次相続控除（相法20）

④ 相続税額の2割加算の不適用（代襲相続人でない直系卑属の養子を除きます。）（相法18）

複数の養子縁組があった場合の相続税の軽減効果を【設　例】で確認します。

【設　例】

1.　被相続人　父（令和3年4月死亡）

2.　相続人

①　実子　長男・長女

②　養子　長男の妻・長男の子（一般障害者・25歳）・長女の子（18歳）

3.　相続財産

現預金等　3億円

生命保険金　2000万円（受取人　長男と長男の子がそれぞれ1000万円）

4.　遺産分割

長男1億円、長男の妻2000万円、長男の子3000万円、長女1億2000万円、長女の子3000万円

5.　相続税の計算

（単位：万円）

	長男	長男の妻	長男の子	長女	長女の子
現預金等	10000	2000	3000	12000	3000
生命保険金	1000	−	1000	−	−
同上非課税金額	△750	−	△750	−	−
課税価格	10250	2000	3250	12000	3000
相続税の基礎控除額	4800 （3000万円＋600万円×3人）				
相続税の総額	5610				
各人の算出税額	1885	368	598	2207	552
相続税額の2割加算	−	−	120	−	110
未成年者控除（※）	−	−	−	−	△20
障害者控除	−	−	△600	−	−
納付税額	1885	368	118	2207	642
合計税額	5220				

※令和4年4月1日より、未成年者控除は18歳未満の相続人が対象となります。

上記の【設　例】の場合、相続税の基礎控除額の計算において、実子がいるため3人の養子は1人と数え、法定相続人は3人と計算されます。また、相続税の総額を計算する場合も同様に子が3人と仮定して、各人の取得金額に税率を乗じて計算した金額を合計した金額が相続税の総額とされます。また、生命保険金の非課税限度額は、500万円×3人（法定相続人の数）となります。

一方、養子は一親等の法定血族に該当するため、長男の妻は相続税額の2割加算の対象者となりません。しかし、直系卑属である長男の子及び長女の子は相続税額の2割加算の対象者となります（相法18②）。また、長男の子は障害者控除を、長女の子は未成年者控除の適用を受けることができます。さらに、長男の子が受け取った生命保険金は、相続人が受け取ったものとなるため、生命保険金の非課税規定の適用を受けることができます。

【参　考】長男の妻とだけ養子縁組をし、長男の子及び長女の子へそれぞれ3000万円を遺贈した場合の相続税

5．相続税の計算

（単位：万円）

	長男	長男の妻	長男の子	長女	長女の子
現預金等	10000	2000	3000	12000	3000
生命保険金	1000	−	1000	−	−
同上非課税金額	△1000	−	−	−	−
課税価格	10000	2000	4000	12000	3000
相続税の基礎控除額	4800 （3000万円＋600万円×3人）				
相続税の総額	5760				
各人の算出税額	1858	372	743	2230	557
相続税額の2割加算	−	−	149	−	111
未成年者控除	−	−	−	−	−
障害者控除	−	−	−	−	−
納付税額	1858	372	892	2230	668
合計税額	6020				

長男の妻とだけ養子縁組した場合、相続税の基礎控除額は4800万円で変わりません。

しかし、相続人でない長男の子が取得した生命保険金は非課税規定の適用を受けることができず、障害者控除も適用がありません。

また、長女の子も法定相続人ではないことから、未成年者控除の適用も受けられません。

以上の結果、この【設　例】の場合、長男の子及び長女の子との養子縁組がないときは、相続税が800万円高くなります。

【17】 都心のタワーマンション取得による相続税対策を行う場合

地方に在住している私が所有する宅地等の価額と、都心のタワーマンションの敷地の価額を比較すると、10倍以上もタワーマンションの敷地の相続税評価額が高い物件も散見されます。そのタワーマンションを取得し、貸付の用に供していれば、その敷地は「貸付事業用宅地等」として小規模宅地等の特例の適用も受けることができて、相続税対策に大変大きな効果が期待できると聞きました。

タワーマンション取得による相続税対策について教えてください。

●落とし穴	都心のタワーマンションは、一般的に時価と相続税評価額の乖離が大きく、その評価差額によって相続税が軽減される。また、貸付の用に供していれば、家屋は「貸家」として、その敷地は「貸家建付地」として評価され、さらに「貸付事業用宅地等」として200㎡までの部分について通常の評価額から50％減額を受けることもできることから、相当額の相続税の軽減につながる。 しかし、租税回避のみを目的としたタワーマンションの取得については、財産評価基本通達6において、「この通達の定めによって評価することが著しく不適当と認められる財産の価額は、国税庁長官の指示を受けて評価する」としていて、税務上の否認事例が多発しているので、注意が必要である。

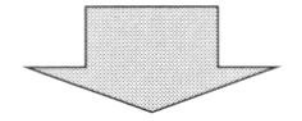

○対応策	タワーマンション取得による相続税対策が否認されている主な事例の否認理由の背景には、以下のような共通点が見られる。 ・取得日と相続開始日が近い。 ・相続開始後すぐに譲渡している。 ・利用する意思が見られない。 ・明らかに節税目的と推測される。 以上のことから、タワーマンションを取得し、相続税評価

	額によって申告する場合には、最低限、以下のような対応が求められる。 ①　マンションの取得目的を明確にし、目的に従った利用をしておく(節税目的だけではないことを明確にしておく。)。 ②　相続税の税務調査は、申告してから約1年経過後に実施されると思われることから、税務署と無用のトラブルを回避するために税務調査が終了するまで利用し、かつ、保有し続ける。

解　説

1　財産評価基本通達による時価と小規模宅地等の特例の適用関係

財産評価基本通達1によると、「財産の価額は、時価によるものとし、時価とは、課税時期（相続、遺贈若しくは贈与により財産を取得した日若しくは相続税法の規定により相続、遺贈若しくは贈与により取得したものとみなされた財産のその取得の日をいう。）において、それぞれの財産の現況に応じ、不特定多数の当事者間で自由な取引が行われる場合に通常成立すると認められる価額をいい、その価額は、この通達の定めによって評価した価額による。」としています。

家屋の価額は、その家屋の固定資産税評価額に「1.0」を乗じて計算した金額によって評価するとしています（評基通89）。その家屋が貸付の用に供されている場合には、「貸家」として借家権を控除した金額で評価されます（評基通93）。

敷地については、路線価地域に所在する場合には、路線価によって評価され、家屋が貸付の用に供されていれば、「貸家建付地」として評価することになります（評基通26）。

なお、相続開始の直前において被相続人等の事業（不動産貸付業、駐車場業、自転車駐車場業及び準事業に限ります。）の用に供されていた宅地等のうち、その相続の開始前3年以内に新たに貸付事業の用に供された宅地等は、原則として小規模宅地等の特例の適用を受けることができません。

しかし、相続開始前3年以内に新たに貸付事業の用に供された宅地等であっても、相続開始の日まで3年を超えて引き続き特定貸付事業（貸付事業のうち準事業以外のものをいいます。）を行っていた被相続人等のその特定貸付事業の用に供された宅地等については、小規模宅地等の特例の適用を受けることができます（措法69の4③四、措令40の2⑦⑲）。

２　タワーマンション取得による相続税対策が否認された判決等

タワーマンション取得による相続税対策が否認された判決等は、以下のようなものです。

①　最高裁平成5年10月28日判決（税資199・670）

被相続人が相続開始直前に借り入れた資金で不動産を購入し、相続開始直後にその不動産が、相続人によってやはり当時の市場価格で他に売却され、その売却金によって借入金が返済されているため、相続の前後を通じて、事柄の実質を見ると、その不動産がいわば一種の商品のような形で一時的に相続人及び被相続人の所有に帰属することとなったにすぎないとも考えられるような場合についても、画一的に財産評価基本通達に基づいてその不動産の価額を評価すべきものとすると、他方で、そのような取引の経過から客観的に明らかになっているその不動産の市場における現実の交換価格によってその価額を評価した場合に比べて、相続税の課税価格に著しい差を生じ、実質的な租税負担の公平という観点からして、看過し難い事態を招来することとなる場合があるものというべきであり、そのような場合には、財産評価基本通達によらないことが相当と認められる特別の事情がある場合に該当するものとして、その相続不動産を市場における現実の交換価格によって評価することが許されるとするのが相当であると判示しました。

②　平成23年7月1日裁決（東裁（諸）平23－1）

相続開始1か月前に売買契約を締結し、2週間前に所有権移転登記をしたマンションの価額について、相続税評価額（約5800万円）ではなく、取得価額（2億9300万円）で評価するのが相当であるとして、納税者の相続税の申告を否認しました。

本件マンションは、①被相続人の本件マンション取得時（平成19年8月）と相続開始時が近接していること、②被相続人の本件マンションの取得時の金額が2億9300万円であること、③請求人から本件マンションを取得したＡが売却を依頼した時点（平成20年7月及び同年8月）の媒介価額は、3億1500万円であること、④本件マンションの近傍におけるＢの基準地の価格は、相続開始日の前後においてほぼ横ばいであること等を参酌すると、相続開始時における本件マンションの時価は、取得価額とほぼ同等と考えられるから、本件マンションは2億9300万円と評価するのが相当であるとされました。

以上のことから、財産評価基本通達の定めによらず、他の合理的な方法による評価が許されるものと解するのが相当である、としています。

③　平成29年5月23日裁決（裁事107・101）、東京地裁令和元年8月27日判決（控訴）（金判1583・40）、東京高裁令和2年6月24判決（金判1600・36）

＜事案の概要＞

1.　被相続人は、平成24年6月に死亡

2.　平成21年1月に甲不動産8.3億円を銀行借入金6.3億円と自己資金によって取得

3.　平成21年12月に乙不動産を銀行借入金3.7億円と自己資金等によって取得

4.　平成25年3月に乙不動産を5.1億円で譲渡

＜課税庁の主張＞

被相続人及び請求人らによる本件各不動産の取得から借入れまでの一連の行為により、被相続人の相続開始日における財産の価額を減少させ、併せて、債務を増加させたものであり、その結果として、相続税額が全く算出されていないなどの理由から、財産評価基本通達に定める評価方法を形式的に適用することによって、実質的な租税負担の公平が著しく害されることとなることは明らかであるから、本件各不動産には財産評価基本通達に定める評価方法によらないことが相当と認められる特別の事情がある。

＜審判所：裁決＞

高齢な被相続人による本件各不動産の取得の主な目的は、通常の投資ではなく相続税の負担軽減にあったと認められ（銀行の貸付けの際の稟議書もそれを裏付ける内容）、他の納税者との間の実質的な租税負担の公平を著しく害し、富の再分配機能を通じて経済的平等を実現するという相続税の目的に反するとして納税者敗訴と裁決しました。

＜東京地裁：判決＞

相続税法22条にいう「時価」について、財産評価基本通達の定める評価方法を形式的に全ての納税者に係る全ての財産の価額の評価において用いるという形式的な平等を貫くことによって、かえって租税負担の実質的な公平を著しく害することが明らかである特別の事情がある場合には、他の合理的な方法によって評価することが許されるとし、納税者の敗訴としました。

＜東京高裁：判決＞

財産評価基本通達の定める評価方法以外の方法によって評価した価額を当該財産の時価とすることについて、それがどのような場合であるかについて通達等によってあらかじめ示されていなかったからといって、租税法律主義に違反するものとは解されず、本件処分行政庁において、国税庁長官の指示に関し、手続上の違法があったとも認められないところ、原判決は相当であるとして、本件控訴を棄却しました。

【18】 非上場株式等についての相続税の納税猶予の適用を受けようとする場合

会社を経営する父が所有する自社株の相続税評価額が高いので、特例事業承継税制の適用を受けて、承継予定者の長男が税負担なく事業を承継したいと考えています。

非上場株式等についての相続税の納税猶予制度を選択すれば、承継する株式等については相続税の負担が生じないので、自社株の評価額の引下げ対策や、その他の対策を必要としないと考えますが、いかがでしょうか。

●落とし穴	非上場株式等についての相続税の納税猶予の適用を受けようと考える場合には、自社株の相続税評価額を引き下げてから納税猶予の適用を受けるようにしなければ、納税猶予の適用を受ける相続人だけでなく、共同相続人の相続税が重くなる。

○対応策	非上場株式等についての相続税の納税猶予の適用を考える場合には、まず自社株の相続税評価額を確認し、自社株の相続税評価額を引き下げておくなどの対策をしておかなければならない。 また、暦年贈与によって自社株を贈与した場合の効果も検討しておくことが肝要である。

解　説

特例事業承継税制の適用を考える場合に、そもそもその特例の適用を受けることがベストの選択になるのかの検証から始めなければならないと思います。

1　自社株の引下げ対策を実行してから納税猶予の適用を受ける場合

なぜ自社株の株価引下げを行う必要があるかについて【設例１】で検証します。

【設例１】

1.　被相続人　父（令和3年4月死亡）

2.　相続人　長男（特例後継者）・長女

3.　父の財産と遺産分割

Ａ社株式10万株（長男が相続：現状の株価744円，株価引下げ後184円）、その他の財産3億円（長男が1億円、長女が2億円相続）

4.　相続税の計算

（単位：万円）

	Ａ社の株価744円の場合		Ａ社の株価184円の場合	
	長男	長女	長男	長女
Ａ社株式	7440	－	1840	－
その他の財産	10000	20000	10000	20000
課税価格	17440	20000	11840	20000
相続税の総額	9896		7656	
各人の算出税額	4610	5286	2847	4809
特例株式等納税猶予税額	（注1）△1599	－	（注2）△328	－
納付税額	3011	5286	2519	4809
合計税額	8297		7328	

（注1）特例株式等納税猶予税額は、長男が取得したＡ社株式の評価額と長女の課税価格の合計額に対する相続税の総額を求め、長男の課税価格の割合を乗じて計算される。

（7440万円 ＋ 2億円）－ 4200万円 ＝ 2億3240万円→相続税の総額5896万円

5896万円 ×（7440万円 ÷ 2億7440万円）≒ 1599万円

（注2）（1840万円 ＋ 2億円）－ 4200万円 ＝ 1億7640万円→相続税の総額3892万円

3892万円 ×（1840万円 ÷ 2億1840万円）≒ 328万円

【設例１】によると、株価引下げ対策を実行していないと、長男の納付税額は、相続税の納税猶予の適用を受けても492万円、長女も477万円多くなります。相続税の計算は、相続又は遺贈により財産を取得した全ての者に係る相続税の課税価格の合計額から基礎控除額を控除した残額（課税遺産総額）を法定相続分及び代襲相続人の相続分に応じて取得したものとした場合の各取得金額に税率を乗じて計算した金額を合計して相続税の総額を求めることとされています（相法16）。そして、相続税の総額に各相続人が取得した金額に対応する割合を乗じた金額が各人の算出税額となります（相法17）。

そのため、相続財産である自社株の株価が高いままで相続税を計算すると、相続税の総額も高いままで、相続税の納税猶予の適用を受けない共同相続人の相続税も重くなることから、納税猶予の適用を受ける前に株価引下げ対策をしっかり行うことが重要であることが分かります。

さらに、長男は父の相続で相続税の納税猶予の適用を受けていることから、納税猶予の適用を受けた後に一定の要件を満たさなくなった場合には、猶予されている相続税を納税しなければならないことになります。

２　納税猶予制度に代えて暦年贈与で対応する場合

自社株の相続税評価額が大きく値上がりしないと予想される場合には、暦年贈与によって自社株を後継者等へ贈与する方法が有利な場合もあります。

そのことを【設例２】で確認します。

【設例２】

1．被相続人　父（70歳・13年後に死亡すると仮定）

2．父の相続人　母・長男（特例後継者）・長女

3．母の相続人　長男・長女

4．父の財産　Ａ社株式（特例対象非上場株式）5000万円、その他の財産3億5000万円

5．父の相続対策及び遺産分割

(1)　Ａ社株式を、長男へ毎年500万円10年間で暦年贈与し、その他の財産は、母が1億7500万円、長男が8750万円、長女が8750万円相続する。

(2)　Ａ社株式は長男へ贈与税の納税猶予の適用を受けて生前に贈与し、その他の財産は、母が2億円、長男が5000万円、長女が1億円相続する。

6．母固有の財産　1億円

7．母（14年後に死亡すると仮定）の遺産分割

父から相続した財産及び母固有の財産は、法定相続分どおり相続する。

8.　相続税の計算

（単位：万円）

	暦年贈与を行った場合(1)					贈与税の納税猶予の適用を受ける場合(2)				
	父の相続			母の相続		父の相続（※）			母の相続	
	母	長男	長女	長男	長女	母	長男	長女	長男	長女
A社株式	−	−	−	−	−	−	5000	−	−	−
その他の財産	17500	8750	8750	8750	8750	20000	5000	10000	10000	10000
母固有の財産	−	−	−	5000	5000	−	−	−	5000	5000
課税価格	17500	8750	8750	13750	13750	20000	10000	10000	15000	15000
相続税の総額	7470			5920		9220			6920	
各人の算出税額	3735	1868	1867	2960	2960	4610	2305	2305	3460	3460
配偶者の税額軽減	△3735	−	−	−	−	△4610	−	−	−	−
特例株式等納税猶予税額	−	−	−	−	−	−	△1067	−	−	−
納付税額	0	1868	1867	2960	2960	0	1238	2305	3460	3460
暦年贈与の贈与税額	−	485	−	−	−	−	−	−	−	−
合計税額	10140					10463				

※父の死亡により、長男が受けたA社株式についての贈与税の納税猶予は免除され、A社株式は父の相続財産に贈与時の価額で加算され、相続税の納税猶予に切り替えることができる。

上記の【設例2】の場合、第二次相続までの通算相続税を比較すると、暦年贈与によってA社株式を贈与すれば贈与税の納税猶予の適用を受けるよりも税負担は323万円軽減されます。

【19】 賃貸アパートの借入金を完済したため、当該アパートを子へ贈与する場合

甲は、賃貸アパートの建築資金の借入金を完済したことから、そのアパートを子（30歳）へ贈与しました。アパートの固定資産税評価額は500万円で借家権などを考慮して相続税評価額を求めると350万円となり、贈与税は26万円の負担で済みますか。

なお、アパートの時価は1000万円、敷金は100万円預かっています。

●落とし穴	相談事例の場合、賃貸アパートだけを贈与すると、敷金の清算が行われていないので、「負担付贈与」に該当する。そのため、贈与税はアパートの時価から負担（敷金）を控除した残額（900万円）が贈与税の課税価格となり、贈与税は147万円となる。

○対応策	賃貸アパートを贈与する際に、敷金も清算するようにすれば「負担付贈与」に該当しないとされている。そのため、甲はアパートの贈与と敷金に相当する現金の贈与も同時に行うようにする。

解　説

1　負担付贈与

負担付贈与とは、受贈者に一定の債務を負担させることを条件にした財産の贈与をいいます。

この場合の課税価格は、贈与された財産が土地や借地権などである場合及び家屋や構築物などである場合には、その贈与の時における通常の取引価額に相当する金額から負担額を控除した価額によることになっています（相基通21の2－4）。

２　敷金の清算

敷金とは、不動産の賃借人が、賃料その他の債務を担保するために契約成立の際、あらかじめ賃貸人に交付する金銭（権利金と異なり、賃貸借契約が終了すれば賃借人に債務の未払がない限り返還されます。）であり、その法的性格は、停止条件付返還債務であるとされています。

また、賃貸中の建物の所有権の移転があった場合には、旧所有者に差し入れた敷金が現存する限り、たとえ新旧所有者間に敷金の引継ぎがなくても、賃貸中の建物の新所有者は当然に敷金を引き継ぐとされています（最判昭44・7・17民集23・8・1610、民605の2④）。

そのため、旧所有者（甲）が賃借人に対して敷金返還義務を負っている状態で、新所有者（子）に対し賃貸アパートを贈与した場合には、法形式上は、負担付贈与に該当しますが、当該敷金返還義務に相当する現金の贈与を同時に行っている場合には、一般的に当該敷金返還債務を承継させる意図が贈与者・受贈者間においてなく、実質的な負担はないと認定することができます。

したがって、この場合については、実質的に負担付贈与に当たらないと解するのが相当ですから、贈与した賃貸アパートは固定資産税評価額を基に評価した金額で贈与税が課され、贈与税の課税価格は350万円、贈与税は26万円となります（質疑応答事例「賃貸アパートの贈与に係る負担付贈与通達の適用関係」（国税庁））。

【20】 相続人でない孫に、死亡保険金の受取人として財産を与えたい場合

私の孫を、私が死亡した際の死亡保険金の受取人に指定しています。この方法によれば、遺言書や養子縁組によることなく確実に孫に財産を与えることができると考えます。課税上の問題点があれば教えてください。

●落とし穴	相続人でない孫が死亡保険金を受け取った場合、①生命保険金の非課税規定の適用を受けることができない、②孫は相続税額の2割加算の対象者となるなど、相続税の課税上不利益なことが多くある。

○対応策	孫に保険料相当額の現金の贈与を行い、孫が保険契約者及び死亡保険金受取人、被保険者は祖父（祖母）とする保険契約としておく。 この場合、孫が受け取る死亡保険金は、一時所得として課税されるので、相続税法上の不利益は受けない。

解　説

死亡保険金に対する課税関係は、保険契約の形態（保険契約者と死亡保険金受取人）によって、例えば以下のようになります。

保険契約者（保険料負担者）	被保険者	死亡保険金受取人	課税関係	財産の区分	根拠条文等
父	父	父	相続税	本来の財産	相法3
父	父	長男	相続税	みなし相続財産	相法3
母	父	長男	贈与税	みなし贈与	相法5
長男	父	長男	所得税	一時所得	所法34

一時所得として課税される契約形態は、保険契約者（保険料負担者）と死亡保険金受取人が同じ者の場合となります。その場合、受け取った死亡保険金から支払った保険料を控除し、50万円の特別控除をした後の金額の1/2が一時所得の金額とされます（所法34②③）。

しかし、相続税が課税される契約形態では、相続人でない孫が死亡保険金の受取人である場合、その孫は遺贈によって財産を取得したものとみなされ、相続税が課されます（相法3）。その場合、相続人でない孫が死亡保険金を受け取ったときは、生命保険金の非課税規定の適用を受けることができません（相法12①五）。また、孫は、配偶者及び一親等の血族でないことから相続税額の2割加算の対象者に該当（孫が代襲相続人である場合を除きます。）します（相法18①）。さらに、被相続人から相続開始前3年以内に贈与を受けていた場合には、生前贈与加算の対象（相法19）となり、孫の相続税だけでなく、共同相続人の相続税の負担まで重くなります。

孫に対する愛情を重視し、孫を死亡保険金の受取人に指定しておけば確実に孫に財産を残すことができますが、孫や共同相続人の相続税の負担はかなり重くなると思われることから、それらの不利益になる点についても事前に確認しておかなければなりません。

【設　例】

1.　被相続人　父（令和3年4月死亡）

2.　相続人　長男・長女・長男の子Ａ

3.　生前贈与　父は、以下のような贈与を行っていた。

（単位：万円）

受贈者	平成30年5月		平成31年3月		令和2年7月	
	贈与金額	贈与税	贈与金額	贈与税	贈与金額	贈与税
長男	300	19	300	19	300	19
長女	300	19	300	19	300	19
長男の子Ａ	300	19	200	9	300	19

4.　父の相続財産（生前贈与財産を除く。）と遺産分割

①　不動産　1億5000万円（長男が相続）

②　現預金　1億5000万円（長女が相続）

③　死亡保険金　1000万円（以下のいずれかの者が受取人と仮定する。）

㋐　長男の子Ａが受取人

㋑　長男が受取人

5．相続税の計算

（単位：万円）

	死亡保険金受取人：長男の子Ａ			死亡保険金受取人：長男		
	長男	長女	長男の子Ａ	長男	長女	長男の子Ａ
不動産	15000	－	－	15000	－	－
現預金	－	15000		－	15000	－
死亡保険金	－	－	1000	1000	－	－
同上非課税金額	－	－	（注1）－	△1000	－	－
生前贈与加算	900	900	（注2）800	900	900	－
課税価格	15900	15900	1800	15900	15900	－
相続税の総額	8360			7640		
各人の算出税額	3956	3956	448	3820	3820	－
相続税額の2割加算	－	－	（注3）90	－	－	－
贈与税額控除	△57	△57	△47	△57	△57	－
納付税額	3899	3899	491	3763	3763	－
合計税額	8289			7526		

（注1）Ａは、相続人ではないことから、生命保険金の非課税規定の適用を受けることはできない。
（注2）Ａは、死亡保険金を遺贈によって取得したものとみなされることから、父から相続開始前3年以内に受けた贈与財産800万円は生前贈与加算の対象となる。
（注3）Ａは、配偶者又は一親等の血族に該当しないことから、相続税額の2割加算の対象者となる。

上記の【設　例】の場合、死亡保険金の受取人が長男であれば、生命保険金の非課税規定の適用を受けることができます。また、長男の子Ａは、相続又は遺贈によって財産を取得していないことから生前贈与加算の金額はないことになり、共同相続人の相続税も軽減されることになります。

その結果、死亡保険金の受取人が長男の子Ａである場合と比較して、納付税額は763万円軽減されます。

【21】「家なき子」として小規模宅地等の特例の適用を受けるために対策を実行していても、税制改正によって効果が消滅する場合

母が1人住まいで居住している土地（330㎡）の相続税評価額は1億円もします。相続人は私1人で持家に家族と生活しています。母が亡くなったときに小規模宅地等の特例の適用を受けることができると、相続税が相当軽減されることから、私の子に遺言書で遺贈してもらうか、私の子と養子縁組をしてもらえば、私の子は「家なき子」として特例の適用を受けることができますか。

●落とし穴	平成30年度の税制改正において、「家なき子」の対象者の見直しが行われ、自己又は自己の配偶者の所有する家屋に居住したことがない親族から、改正後は、その親族の三親等内の親族などが所有する家屋に居住したことがない親族とされた。そのため、養子縁組をすることで相続人の子がその宅地等を相続しても、養子縁組が行われたのが平成30年度の税制改正前であっても、令和2年4月1日以後に開始した相続では、「家なき子」に該当しなくなることから、小規模宅地等の特例の適用の対象とはならない。

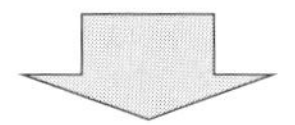

○対応策	相続対策は、常に税制改正によってその対策の効果が減殺される可能性があることに留意しておかなければならない。原則として、相続対策を実行した時期にかかわらず、相続又は遺贈があったときの相続税法によって課税関係が判定される。

解　説

小規模宅地等の特例の対象となる被相続人等の居住の用に供されていた宅地等（特定居住用宅地等）の要件は、下記の表のとおりです（措法69の4①③）。

＜特定居住用宅地等の要件＞

区　分		特例の適用要件		
		取得者		取得者ごとの要件
①	被相続人の居住の用に供されていた宅地等	1	被相続人の配偶者	「取得者ごとの要件」はありません。
		2	被相続人の居住の用に供されていた一棟の建物に居住していた親族	相続開始の時から相続税の申告期限まで、引き続きその建物に居住し、かつ、その宅地等を相続税の申告期限まで有していること
		3	上記1及び2以外の親族	次の(1)から(6)までの要件を全て満たすこと（一定の経過措置がありますので、詳しくは下記の解説を参照してください。） (1)　居住制限納税義務者又は非居住制限納税義務者のうち日本国籍を有しない者ではないこと (2)　被相続人に配偶者がいないこと (3)　相続開始の直前において被相続人の居住の用に供されていた家屋に居住していた被相続人の相続人（相続の放棄があった場合には、その放棄がなかったものとした場合の相続人）がいないこと (4)　相続開始前3年以内に日本国内にある取得者、取得者の配偶者、取得者の三親等内の親族又は取得者と特別の関係がある一定の法人が所有する家屋（相続開始の直前において被相続人の居住の用に供されていた家屋を除きます。）に居住したことがないこと (5)　相続開始時に、取得者が居住している家屋を相続開始前のいずれの時においても所有していたことがないこと (6)　その宅地等を相続開始時から相続税の申告期限まで有していること
②	被相続人と生計を一にしていた被相続人の親族の居住の用に供されていた宅地等	1	被相続人の配偶者	「取得者ごとの要件」はありません。
		2	被相続人と生計を一にしていた親族	相続開始前から相続税の申告期限まで引き続きその家屋に居住し、かつ、その宅地等を相続税の申告期限まで有していること

小規模宅地等についての相続税の課税価格の計算の特例について、平成30年度の税制改正によって、持家に居住していない者に係る特定居住用宅地等の特例の対象者の範囲から、次に掲げる者を除外することとしました（措法69の4③二ロ）。

① 相続開始前3年以内に、その者の二親等内の親族又はその者と特別の関係のある法人が所有する国内にある家屋に居住したことがある者

② 相続開始時において居住の用に供していた家屋を過去に所有していたことがある者

平成30年3月31日に相続又は遺贈があったものとした場合に平成30年の改正前の要件（相続開始前3年以内に自己又は自己の配偶者の所有する家屋に居住したことがない親族）を満たす特例対象宅地等に該当することとなる宅地等がある場合については、令和2年3月31日までに相続又は遺贈により取得をする財産については、適用を受けることができます（措法平30法7改正附則118②）。

＜小規模宅地等の特例の制度創設から直近の改正の概要＞

適用開始年分	特例措置の内容
昭和50年（個別通達）	事業又は居住の用に供されていた宅地について、課税価格算入割合80％・適用上限面積200㎡とする
昭和58年～（法律上の措置）	① 減額割合を引上げ（全てが事業用40％・一部が事業用40％、一部が居住用20％・全てが居住用30％） ② 対象となる土地を「宅地」から「宅地等」へ ③ 対象者を「被相続人」から「被相続人等」へ
昭和63年～平成26年	部分的な改正を実施
平成27年～	① 特例対象面積の引上げ（特定居住用　240㎡→330㎡へ） ② 特定事業用等宅地等及び特定居住用宅地等については、それぞれ限度面積まで特例適用可能に
平成30年～	① 「家なき子」の対象者を、相続開始前3年以内に、その者の三親等内の親族等が所有する家屋に居住していないこと、などに見直し ② 貸付事業用宅地等の範囲から、相続開始前3年以内に貸付事業の用に供された宅地等（相続開始前3年を超えて事業的規模で貸付事業を行っている者を除く。）を除外
平成31年～	特定事業用宅地等の範囲から、相続開始前3年以内に事業の用に供された宅地等（その宅地等の上で事業の用に供されている一定の減価償却資産がある場合を除く。）を除外

【22】 相続時精算課税によって取得した財産の相続税評価額が、相続時には贈与を受けたときよりも低くなる場合

令和3年4月に父が死亡しました。長男は、平成25年に父から相続時精算課税によって自社株1億円の贈与を受け、適正に申告と納税を行っていました。しかし、父が死亡したときの自社株の相続税評価額は7000万円に値下がりしています。

この場合、相続財産に加算される自社株の評価額は1億円になると聞いています。それ以外に何か注意すべき点はありますか。

●落とし穴	相続時精算課税によって贈与を受けた財産は、贈与を受けたときの価額で相続財産に加算して相続税が課されることになっている。 そのため、贈与を受けた財産がその後値下がりした場合は、贈与を受けなかったときと比較すると相続税が重くなる。この場合、相続時精算課税の贈与を受けた相続人の相続税だけでなく、共同相続人全員の相続税が重くなる。

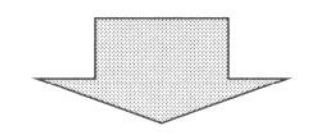

○対応策	相続時精算課税によって贈与を受けた後に、贈与を受けた財産の相続税評価額が値上がりすると予想される財産を選択することがポイントとなる。 しかし、贈与を受けた財産が値下がりすることも考えられるため、贈与を実行する際には、相続人全員に書面で税務リスクについて説明することが欠かせない。

解　説

相続時精算課税による贈与を受けた者は、その贈与者から贈与により取得した財産については、贈与により取得した財産の価額を相続税の課税価格に加算した価額でもって、相続税の課税価格とすることとされています（相法21の15）。

そのため、贈与を受けた財産の価額が、相続時精算課税に係る贈与者の死亡までの間に値下がりした場合には、他の共同相続人の相続税の負担にも影響を与えます。そのことを【設　例】で検証します。

【設　例】

1.　被相続人　父（令和3年4月死亡）

2.　相続人　長男・長女

3.　父の相続財産（相続時精算課税による贈与を除く。）　2億円

4.　相続時精算課税による贈与

長男へ自社株2億円を平成25年に贈与（贈与税3500万円を納付）している。

5.　遺産分割

相続財産は長女が全額相続する。

6.　その他

自社株は父の死亡時には1億円に値下がりしている。

7.　相続税の計算

（単位：万円）

	相続時精算課税贈与が行われた場合			相続時精算課税贈与が行われなかった場合		
	長　男	長　女	合　計	長　男	長　女	合　計
相続財産	0	20000	20000	10000	20000	30000
相続時精算課税適用財産	20000	0	20000	−	−	−
課税価格	20000	20000	40000	10000	20000	30000
基礎控除額	4200		4200	4200		4200
課税遺産総額	35800		35800	25800		25800
相続税の総額	10920		10920	6920		6920
各人の算出税額	5460	5460	10920	2307	4613	6920
贈与税額控除	△3500	−	△3500	−	−	−
納付すべき相続税額	1960	5460	7420	2307	4613	6920
合　計（相続税＋贈与税）	5460	5460	10920	2307	4613	6920

相続時精算課税によって贈与を受けた財産が値下がりしたことから、贈与をしなかった場合と比較してトータルで税負担は4000万円重くなってしまいます。さらに、その内訳を見ると、長男は税負担が3153万円（5460万円－2307万円）重くなり、相続時精算課税によって贈与を受けていない長女の相続税も847万円重くなってしまうので、相続人間におけるトラブルが発生することが懸念されます。

そのため、相続時精算課税によって贈与を受けた財産が値下がりした場合、共同相続人の相続税の負担も重くなることから、相続時精算課税の適用者以外の相続人にもどのような影響があるのか、簡単なシミュレーションを行い、相続人全員に書面で説明しておくことが重要です。

なお、値上がりする可能性が高いと思われる財産は、①新しく鉄道の駅が新設される近隣の土地、②市街化調整区域に所在する土地で市街化区域に編入される土地、③倍率地域にある土地で路線価地域に編入される土地、④役員退職金などの支給によって自社株が値下がりしている株式などが代表例です。

【23】 住宅取得等資金の贈与を受けたが、贈与税の期限内申告をしていなかった場合

甲が令和3年4月に死亡しました。甲の子乙は、甲から相続によって財産を取得し、かつ、平成30年5月に住宅取得等資金の贈与（省エネ住宅等1200万円）を受け乙が居住する建物を取得しました。

甲の相続税の申告において、その贈与を受けた金額は非課税贈与となり、相続財産に加算する必要はありませんか。

●落とし穴	住宅取得等資金の非課税贈与については、相続又は遺贈によって財産を取得した者が、その被相続人から相続開始前3年以内に贈与を受けた場合でも、一定の要件を満たす場合には相続財産に加算する必要はない。 しかし、住宅取得等資金の贈与を受けた場合には、翌年3月15日までに贈与税の申告をすることが必要とされていて、期限内申告が要件とされている。そのため、期限内申告を行っていない場合には、非課税贈与に該当しないことになり、相続財産に加算されることになる。

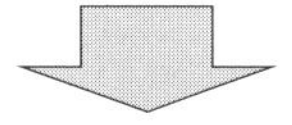

○対応策	適用要件の一つに、住宅取得等資金の贈与を受けた場合には、翌年3月15日までに贈与税の期限内申告をすることが要件とされているので、遅れることなく申告をする必要がある。

解　説

相談事例の場合に、住宅取得等資金の贈与について、贈与税の期限内申告をしていなかった場合には、非課税贈与に該当しない（措法70の2⑭）ことになり、以下のような取扱いになります。

①　贈与税

期限後申告（又は無申告）となり、非課税贈与に該当しないことになります。その

ため、贈与税は246万円（(1200万円－110万円）×40％－190万円）課され、それ以外にも無申告加算税や延滞税なども課されます（通則法60・66）。

②　相続税

相続などにより財産を取得した人が、被相続人からその相続開始前3年以内に贈与を受けた財産があるときには、その人の相続税の課税価格に贈与を受けた財産の贈与の時の価額を加算することとされています。また、その加算された贈与財産の価額に対応する贈与税の額（延滞税などの附帯税は含まれません。）は、加算された人の相続税の計算上控除されることになります（相法19）。

相談事例の場合には、相続開始前3年以内の贈与に該当し、乙が相続又は遺贈により甲から財産を取得すると、贈与を受けた1200万円は生前贈与加算の対象となり、納付した贈与税（延滞税などの附帯税は含まれません。）は相続税から控除されます。

【24】　使用貸借による「土地の無償返還に関する届出書」を提出していた場合における、その土地の相続税評価額は

甲が所有する土地の上に、甲が主宰するＡ社が建物を建て、本社事務所として利用しています。土地の貸借に当たり権利金の支払はしていません。また、借地権の認定課税を受けないように「土地の無償返還に関する届出書」を提出しています。その場合、地代については、固定資産税相当額とする方法によっています。

甲が死亡したときのその土地の相続税評価額はどのように評価されますか。

●落とし穴	相談事例の場合、土地の貸借に当たり、「土地の無償返還に関する届出書」を提出していることから借地権の認定課税は受けない。 しかし、使用貸借によって土地を貸借しているので、その土地は自用地評価額として評価することになる。さらに、小規模宅地等の特例についても「貸付事業用宅地等」に該当しないことから、その特例の適用を受けることができない。

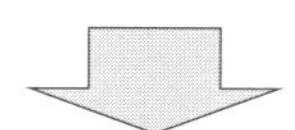

○対応策	甲の生前中に、土地貸借の方法を「使用貸借」から「賃貸借」へ変更し、改めて賃貸借による「土地の無償返還に関する届出書」を提出しておく。そのことによって、甲の所有するその土地は、自用地評価額の80％で評価され、かつ、土地が賃貸借によって貸借されていることから、小規模宅地等の特例の判定においては、「貸付事業用宅地等」に該当し、200㎡までの部分について50％の減額を受けることを選択できる。

解　　説

1　「土地の無償返還に関する届出書」の提出の税務上の効果

「土地の無償返還に関する届出書」は、法人が借地権の設定等により他人に土地を使用させた場合で、その借地権の設定等に係る契約書において将来借地人等がその土

地を無償で返還することが定められている場合に、法人とその借地人等の連名により、土地を無償で返還することが定められた後遅滞なく届け出ることとされています。

この届出を行っている場合には、権利金の認定課税は行われないこととなります（法基通13－1－7）。

2　その土地貸借が使用貸借である場合

使用貸借契約については、借地借家法が適用されず、民法593条から600条までが適用されます。また無償で貸し付けているため、使用貸借契約においては、貸主は原則としていつでも契約を解除し、借主に対して物の返還を要求することができます（ただし、存続期間を定めているときはその期間が満了するまでは物の返還を要求できません。）（民597①・598②）。

使用貸借による敷地利用権は、権利性の薄弱なものであり、経済的価値を有しないものと解され、また、借家人の敷地利用権は、建物所有者の敷地利用権に従属して、その範囲内での権能にすぎないと考えられます。

そのため、使用貸借の場合には、財産権としての借権の価額も認識しないこととなり、「自用地」として評価されます。

> **【参考法令】民　法**
> （使用貸借）
> 第593条　使用貸借は、当事者の一方がある物を引き渡すことを約し、相手方がその受け取った物について無償で使用及び収益をして契約が終了したときに返還をすることを約することによって、その効力を生ずる。

3　小規模宅地等の特例における貸付事業用宅地等の要件

小規模宅地等の特例とは、個人が、相続や遺贈によって取得した財産のうち、被相続人等の事業の用又は居住の用に供されていた宅地等のうち一定のものがある場合には、その宅地等のうち一定の面積までの部分については、相続税の課税価格に算入すべき価額の計算上、一定の割合を減額するという制度です（措法69の4）。

このうち、貸付事業用宅地等については、相続開始の直前において被相続人等の事業（不動産貸付業、駐車場業、自転車駐車場業など）の用に供されていた宅地等（原則として、その相続の開始前3年以内に新たに貸付事業の用に供された宅地等を除きます。）については、200㎡までの部分について50％減額することができるとされています（措法69の4①二・②三・③四、措令40の2⑦）。

貸付事業用宅地等とは、相続開始直前において被相続人等の事業の用に供されていることが要件の一つで、事業の用に供されていることとは、継続して相当の対価を得ていることが必要です（※「相当の対価を得ている」とは、貸付け等の用に供している資産の賃貸料が、貸付け等の用に供している資産の固定資産税その他の必要経費を回収した後において、相当の利益を生ずるような対価を得ていることとされています。また、その判断は、相続開始の直前において、相当の対価を得ていたかどうかという客観的事実によるものと考えられます。）（措令40の2①）。

そのため、使用貸借となっている土地は、事業の用に供されていないので、貸付事業用宅地等として小規模宅地等の特例の適用要件を満たさないことから、その特例の適用を受けることができません。一方、土地の貸借関係を賃貸借とし、「土地の無償返還に関する届出書」を提出している場合には、その土地の相続税評価額は自用地評価額から20％減額されます（「相当の地代を支払っている場合等の借地権等についての相続税及び贈与税の取扱いについて」（昭60・6・5直資2－58・直評9））。

賃貸借契約とするためには、借地借家法上は、固定資産税と都市計画税の合計額を上回るような地代を設定する必要があります。固定資産税や都市計画税は毎年変化しますので、地代についても定期的に見直しを行うようにしましょう。実務上は、その土地の固定資産税等の2～3倍程度の地代の額、又は、通常の地代の額（自用地評価額×（1－借地権割合）×6％）が目安です。

賃貸借契約と使用貸借契約の切替えはいつでも行うことができますので、実務的な対応としては、相続発生まであまり時間がないと予想される場合には当初から賃貸借契約とし、相続発生まで相当の時間があると予想される場合には、当初は使用貸借契約としておき、途中で賃貸借契約に変更する方法が考えられます。

【設　例】

1．土地の相続税評価額4800万円（地積400㎡）
2．同土地には不動産管理会社が所有するアパートが建っている。
　　なお、「土地の無償返還に関する届出書」は提出している。

	使用貸借契約		賃貸借契約	
土地の相続税評価額	自用地	4800万円	貸宅地	(注2)3840万円
小規模宅地等の特例	適用を受けることはできない（注1）	－	貸付事業用宅地等に該当	(注3)△960万円
課税価格に算入される金額	－	4800万円	－	2880万円

(注1)相当の対価を借地人から受けていないため、貸付事業用宅地等に該当せず、適用を受けることができない。
(注2)4800万円 × 80% = 3840万円
(注3)小規模宅地等の軽減額（3840万円 × 200㎡／400㎡）× 50% = 960万円

土地貸借が「賃貸借」であれば、個人地主に相続が発生した場合の土地の評価額は、自用地評価額の80%評価となり、さらに小規模宅地等の特例（200㎡までの部分について50%の減額）の適用も受けることができることにより、「使用貸借契約」の場合より1920万円課税価格が減額されます。

【25】 二方路線に面する土地をどのように遺産分割して取得するかによって、相続税評価額に差が生じる場合

私の所有する二方路線に面している土地（900㎡）は、三大都市圏以外の地域に所在し、現在青空駐車場として利用しています。この土地にアパートを建築して相続税対策を実行しようと考えています。

建築に当たり留意すべきことはありますか。

●落とし穴	相談事例の場合、全体敷地にアパートを1棟建築して一体利用するのか、半分の敷地にアパートを建築するのかによってその土地の評価単位が異なることになる。そのため、土地の評価単位にも留意してアパートを建築する必要がある。

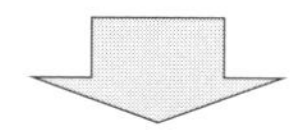

○対応策	自用地にアパートを建築し、アパートとその入居者の専用駐車場として利用すると、その敷地は「貸家建付地」として評価される。そのため、土地の相続税評価額が下がることで相続税が軽減される。

解　説

二方路線に面している土地にアパートを建築することによって、その土地の評価単位が異なることになると、その土地の相続税評価額が自用地から貸家建付地になるだけでなく、それぞれの土地を評価する場合の路線価も異なることになり、全体の相続税評価額が下がることもあります。

宅地の価額は、1筆単位で評価するのではなく、1画地の宅地（利用の単位となっている1区画の宅地をいいます。）ごとに評価します（評基通7－2(1)）。

例えば、貸家建付地を評価する場合において、貸家が数棟あるときには、原則として、各棟の敷地ごとに1画地の宅地とします（タックスアンサーNo.4603「宅地の評価単位」（国税庁））。また、相続開始後においては、二方路線に面している土地について、二分割して各相続人が取得すれば、二つの評価単位となり、一方の路線に面した土地として評

価することができます。

相談事例の場合、アパートを建築するときに、どの位置に何棟建築するかによって、建物の時価と相続税評価額の差による相続税の軽減効果だけでなく、土地の相続税評価額も相当額軽減されることが期待されます。

【設　例】二方路線に面し青空駐車場として利用している土地にアパートを建築する場合

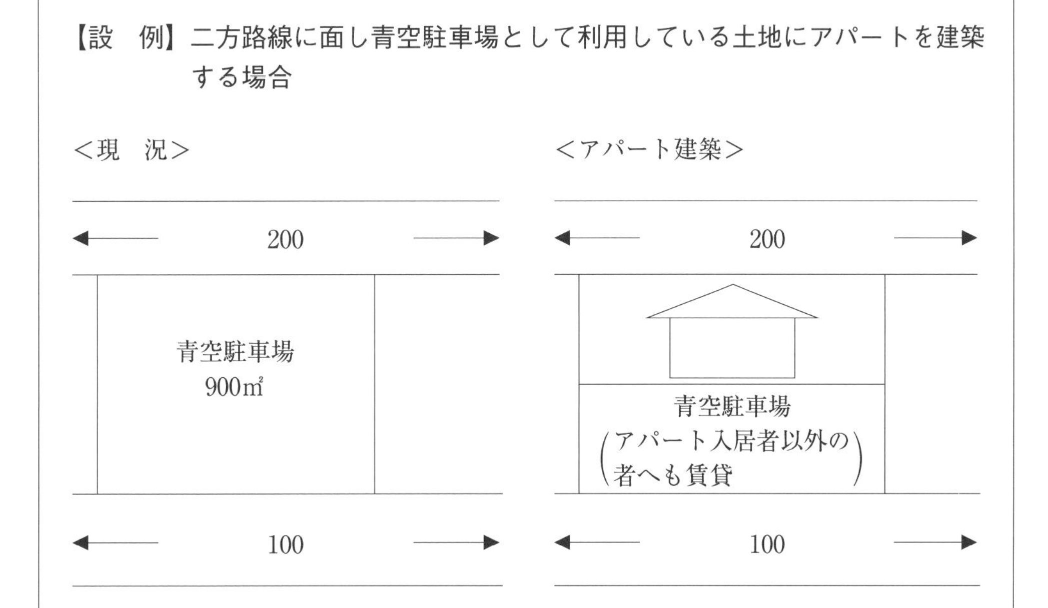

1.　三大都市圏以外の地域に所在（普通住宅地区）
2.　地積　900㎡（借地権割合50％）
3.　現況　青空駐車場
4.　アパート建築　北側半分の敷地にアパートを建築（450㎡：満室経営）
5.　建築の効果（土地の相続税評価額）

(1)　アパート建築前

（20万円 ＋ 10万円 × 0.02）× 900㎡ ＝ 1億8180万円

※三大都市圏以外の地域に所在し、全体面積が1000㎡未満であるため、地積規模の大きな宅地の評価の適用を受けることはできない。なお、普通住宅地区における二方路線影響加算率は「0.02」とされている。その他の補正はないものと仮定する。

(2)　アパート建築後

①　20万円 × 450㎡ ×（1 － 0.5 × 0.3 × 100％）＝ 7650万円

②　10万円 × 450㎡ ＝ 4500万円

③　① ＋ ② ＝ 1億2150万円

※宅地の評価単位は、20万円の路線に面する宅地（貸家建付地）と、10万円の路線に面する宅地（自用地）の二つに区分して評価する。また、貸家の敷地の用に供されている宅地は「貸家建付地」として「自用地としての価額－自用地としての価額×借地権割合×借家権割合×賃貸割合」として評価される。

6．効果の確認

アパートを建築することによって、その宅地の評価額は1億8180万円－1億2150万円＝6030万円軽減される（さらに、アパートの建物の時価と相続税評価額の差額も相続税の軽減に大きく役立つ。）。

【26】 地積規模の大きな宅地に該当しない土地を、利用区分を変えるなどすることで、地積規模の大きな宅地として評価する場合

甲が所有する土地（借地権割合50%・容積率200%）は、三大都市圏に所在し、普通住宅地区（400㎡）と中小工場地区（600㎡）が混在し二方路線（路線価は同額）に面しています。現在は青空駐車場として利用していますが、相続税対策としてアパートの建築を考えています。

アパートを建築するとその土地の評価額が自用地から貸家建付地に変わって相続税評価額が下がることは理解していますが、地積規模の大きな宅地として評価することはできませんか。

●落とし穴	地積規模の大きな宅地は、路線価地域に所在する土地の場合、「普通商業・併用住宅地区」及び「普通住宅地区」に所在するものとされている。相談事例の場合、甲が所有する土地は普通住宅地区と中小工場地区が混在する土地で、中小工場地区がその宅地の過半となっているので、アパートの建築方法によっては、地積規模の大きな宅地として評価することはできない。

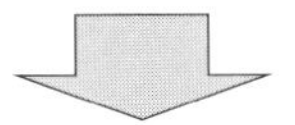

○対応策	アパートを普通住宅地区（400㎡）と中小工場地区（100㎡）にまたがって建築し、評価単位を二つにすることで、アパートの敷地は貸家建付地として評価し、かつ、地積規模の大きな宅地として評価することができる。

解　説

従来の広大地の評価に係る広大地補正率は、個別の土地の形状等とは関係なく面積に応じて比例的に減額するものであったため、社会経済情勢の変化に伴い、広大地の

形状によっては、それを加味して決まる取引価額と相続税評価額が乖離する場合が生じていました。

また、広大地の評価の適用要件は、「定性的（相対的）」なものであったことから、広大地に該当するか否かの判断に苦慮するなどの問題が生じていました。

そこで、平成30年1月1日以後「地積規模の大きな宅地の評価」を新設し、その適用要件については、地区区分や都市計画法の区域区分等を基にすることにより「定量的（絶対的）」なものとし、明確化が図られました。なお、これに伴い「広大地の評価」は平成29年12月31日をもって廃止されています。

地積規模の大きな宅地とは、三大都市圏においては500㎡以上の地積の宅地、三大都市圏以外の地域においては1000㎡以上の地積の宅地をいいます（評基通20－2）。

また、路線価地域に所在する場合、「地積規模の大きな宅地の評価」の対象となる宅地は、路線価に、奥行価格補正率や不整形地補正率などの各種画地補正率のほか、規模格差補正率を乗じて求めた価額に、その宅地の地積を乗じて計算した価額によって評価します（タックスアンサー№4609「地積規模の大きな宅地の評価」（国税庁））。

評価額 ＝ 路線価 × 奥行価格補正率 × 不整形地補正率などの各種画地補正率 × 規模格差補正率 × 地積（㎡）

規模格差補正率は、次の算式により計算します（小数点以下第2位未満は切り捨てます。）。

規模格差補正率 ＝ （Ⓐ × Ⓑ ＋ Ⓒ）／地積規模の大きな宅地の地積（Ⓐ） × 0.8

上記算式中の「Ⓑ」及び「Ⓒ」は、地積規模の大きな宅地の所在する地域に応じて、それぞれ次に掲げる表のとおりです。

①　三大都市圏に所在する宅地

地　積	普通商業・併用住宅地区、普通住宅地区	
	Ⓑ	Ⓒ
500㎡以上1000㎡未満	0.95	25

1000㎡以上3000㎡未満	0.90	75
3000㎡以上5000㎡未満	0.85	225
5000㎡以上	0.80	475

②　三大都市圏以外の地域に所在する宅地

地　積	普通商業・併用住宅地区、普通住宅地区	
	Ⓑ	Ⓒ
1000㎡以上3000㎡未満	0.90	100
3000㎡以上5000㎡未満	0.85	250
5000㎡以上	0.80	500

「地積規模の大きな宅地の評価」の対象となる宅地は、路線価地域に所在するものについては、地積規模の大きな宅地のうち、「普通商業・併用住宅地区」及び「普通住宅地区」に所在するものとなります（評基通20－2）。

そのため、評価対象となる宅地が中小工場地区などに所在すると「地積規模の大きな宅地の評価」を適用することができません。

また、指定容積率が400％（東京都の特別区においては300％）以上の地域に所在する宅地は除かれることとされています（評基通20－2(3)）。

「地積規模の大きな宅地の評価」を適用する場合の正面路線価は、路線価に各路線の地区に適用される奥行価格補正率を乗じて計算した金額の高い路線で判定します。その場合、正面路線の地区区分が2以上ある場合には、その宅地の全部がその宅地の過半の属する用途地域に所在するものと判定します（質疑応答事例「地積規模の大きな宅地の評価－正面路線が2以上の地区にわたる場合の地区の判定」（国税庁））。

地積規模の大きな宅地の地積は、土地の評価単位によって異なりますので、判定に留意しておかなければなりません。

そこで、中小工場地区と普通住宅地区が混在する土地の上にアパートを建築した場合の、その土地の相続税の軽減効果を【設　例】で確認します。

【設　例】正面路線と二方路線とで地区区分が異なる場合の判定

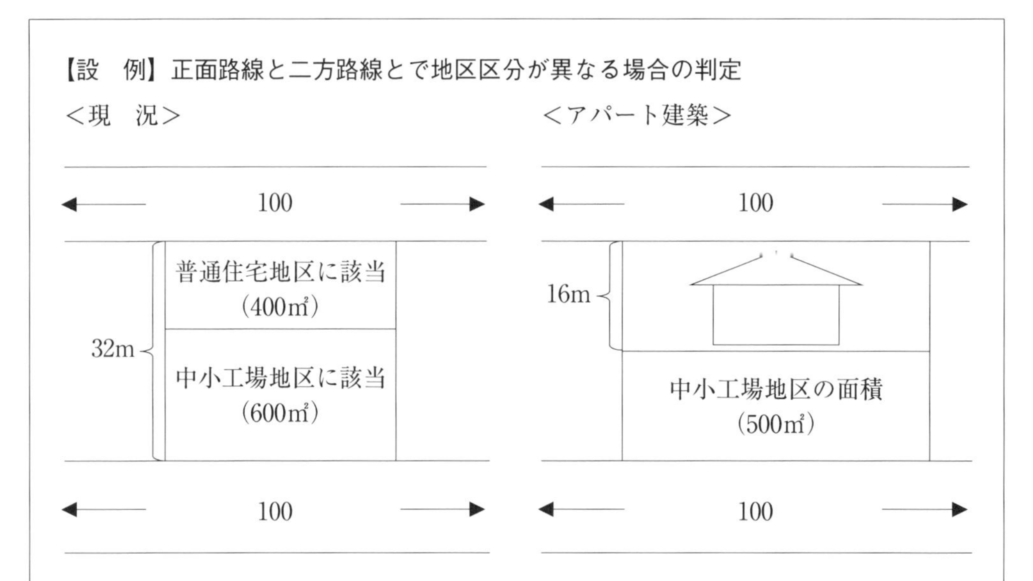

1.　三大都市圏に所在（地積1000㎡、容積率200％）

2.　普通住宅地区400㎡と中小工場地区600㎡が混在する土地（借地権割合50％）

3.　現況　青空駐車場

4.　アパート建築　普通住宅地区（400㎡）と中小工場地区（100㎡）に建築（満室経営）

5.　建築の効果（土地の相続税評価額）

(1)　アパート建築前

①　正面路線の判定

・普通住宅地区　100千円 × 0.93（奥行価格補正率） = 93千円

・中小工場地区　100千円 × 1.00（奥行価格補正率） = 100千円

∴中小工場地区として判定

※奥行価格補正率は、普通住宅地区は、10m以上24m未満の場合は1.0、32m以上36m未満の場合は0.93、中小工場地区は、16m以上20m未満の場合は0.99、20m以上60m未満の場合は1.0とされている。

②　評価金額

(10万円 ＋ 10万円 × 1.0（中小工場地区の奥行価格補正率）× 0.02（二方路線影響加算率））× 1000㎡ ＝ 1億200万円

※中小工場地区（正面路線の地区区分で判定）における二方路線影響加算率は「0.02」とされている。その他の補正はないものと仮定する。

(2)　アパート建築後

①　中小工場地区の宅地部分

10万円 × 0.99（中小工場地区の奥行価格補正率）× 500㎡ ＝ 4950万円

② アパートの敷地部分（地積規模の大きな宅地に該当）

10万円 × 1.0（普通住宅地区の奥行価格補正率）× 500㎡ × 0.8（※）

= 4000万円

4000万円 ×（1 － 0.5 × 0.3 × 100%）= 3400万円

※規模格差補正率　（500㎡ × 0.95 ＋ 25）÷ 500㎡ × 0.8 = 0.8

③ ① ＋ ② = 8350万円

※現況のままでは、正面路線価の判定によって、「中小工場地区」と判定され、地積規模の大きな宅地に該当しない。しかし、アパートを建築することによって、宅地の評価単位は、二つに区分して評価することになる。その場合、アパートの敷地については、普通住宅地区が正面路線と判定され、その敷地は三大都市圏に所在し、面積が500㎡以上であることから、「地積規模の大きな宅地の評価」を適用することができる。

なお、貸家の敷地の用に供されている宅地は「貸家建付地」として「自用地としての価額－自用地としての価額×借地権割合×借家権割合×賃貸割合」と評価される。

6．効果の確認

アパートを建築することによって、その宅地の評価額は、1億200万円－8350万円＝1850万円軽減される。

【27】 3期連続無配である赤字の会社の自社株の相続税評価額は

Ａ社の創業者である甲は、Ａ社の大株主でこのまま相続が開始した場合に自社株に対する相続税の負担が心配です。Ａ社は内部留保が厚く純資産価額も相当な額となります。

しかし、Ａ社の直近3期は赤字で、かつ、無配です。赤字会社の株価は高くないと聞いています。そのとおりで間違いありませんか。

●落とし穴	類似業種比準価額は、類似する業種の上場会社の株価に、1株当たりの配当・利益・簿価純資産の三つの比準要素を基に比準割合を算出し、株価にその比準割合を乗じて計算することとされている。そのため、赤字で無配であれば株価は低く評価されることになる。 しかし、3期連続で無配及び赤字の会社については、「比準要素数1の会社」として、類似業種比準価額の利用を制限することとしている。そのため、想定外に高い株価となることも考えられる。

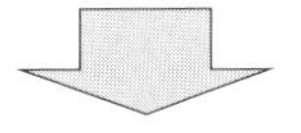

○対応策	配当原資があれば、配当を行うことが「比準要素数1の会社」に該当しないための最も簡単な選択である。この場合、1株（50円）当たりの配当金を直前期末以前2年間の平均で求めることや、少額な配当を行う場合、1株（50円）当たりの年配当金額は、「10銭未満切捨て」とされていることにも注意が必要である。 また、相続開始後の対応策としては、配偶者がいれば「比準要素数1の会社」として高く評価された株式を配偶者に相続させ、その後に「比準要素数1の会社」から一般の評価会社になるような対策を講じて、株価が下がったタイミングで後継者へ、その株式を贈与などする選択肢が残されている。

解　説

「比準要素数1の会社」とは、類似業種比準価額の計算において使用する「1株当たりの配当金額」、「1株当たりの利益金額」及び「1株当たりの純資産価額（帳簿価額）」の比準要素のうち、直前期末における2の比準要素について「0」となっており、かつ、直前々期末における2以上の比準要素についても「0」となっている会社をいいます（評基通189）。

＜比準要素数1の会社の判定＞

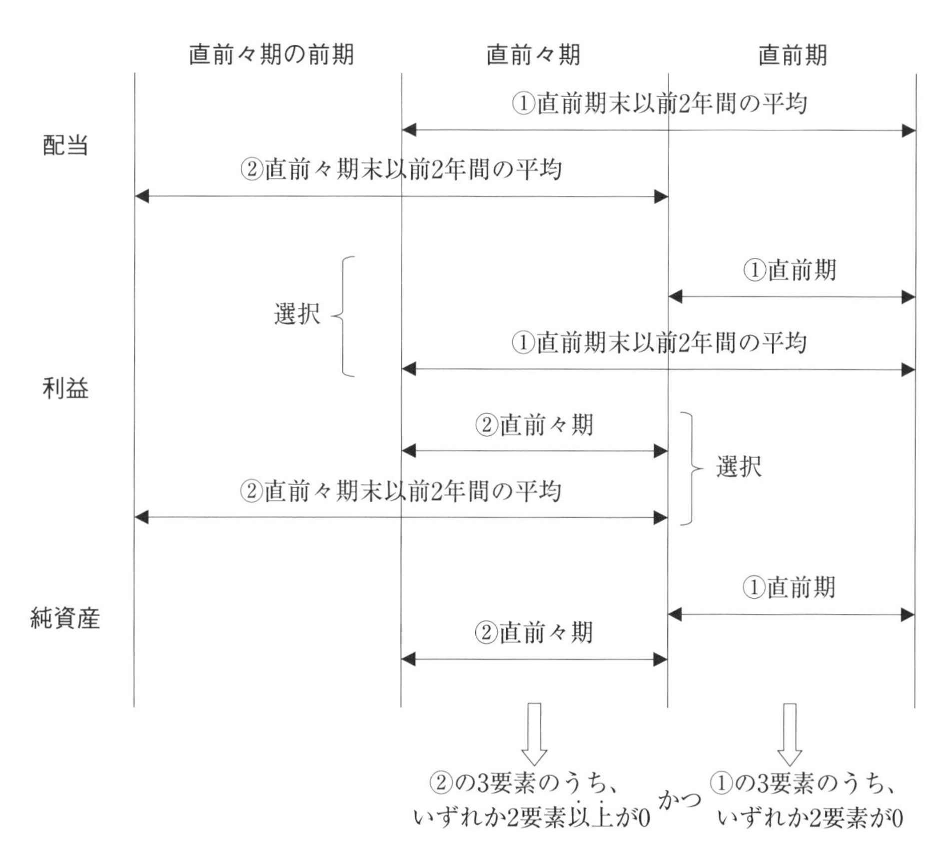

※比準要素判定の際の端数処理

端数処理を行って0円となる場合には、その比準要素は0とされます。端数処理は、「取引相場のない株式（出資）の評価明細書」の「第4表　類似業種比準価額等の計算明細書」の各欄の表示単位未満の端数を切り捨てることとされています。

・1株（50円）当たりの年配当金額…………10銭未満切捨て
・1株（50円）当たりの年利益金額…………円未満切捨て
・1株（50円）当たりの純資産価額…………円未満切捨て

・1株当たりの年配当金額の比準割合………小数点以下第2位未満切捨て
・1株当たりの年利益金額の比準割合………小数点以下第2位未満切捨て
・1株当たりの純資産価額の比準割合………小数点以下第2位未満切捨て
・比準割合の計算における比準割合………小数点以下第2位未満切捨て
・1株（50円）当たりの比準価額……………10銭未満切捨て
・1株当たりの比準価額………………………円未満切捨て

一般の評価会社で、類似業種比準価額≦純資産価額の株価であれば、会社規模区分が大きければ大きいほど株価は低く算定されます。

しかし、「比準要素数1の会社」の場合には、類似業種比準価額のウエイトが会社規模区分にかかわらず25%とされている（評基通189－2）ため、想定外の高い株価になってしまうこともあります。そのため、連続して赤字を計上する会社の場合には、「比準要素数1の会社」に該当しないか注意深く観察しておかなければなりません。

【設　例】

＜会社規模区分別純資産価額と類似業種比準価額＞

（単位：円）

	純資産価額	会社規模区分別・類似業種比準価額（注）		
		大会社	中会社	小会社
A　社	500	126	108	90
B　社	300	210	180	150

（注）類似業種比準価額の計算において、斟酌率が大会社0.7、中会社0.6、小会社0.5とされているため、大会社の類似業種比準価額126円の場合、中会社では126円×0.6÷0.7＝108円、小会社では126円×0.5÷0.7＝90円と計算される。

＜比準要素数1の会社に該当している場合の株価＞

（単位：円）

	大会社	中会社（注）			小会社
		大	中	小	
A　社	406	402	402	402	397
B　社	277	270	270	270	262

（注）A社が中会社である場合、108円×0.25＋500円×（1－0.25）＝402円となる。

例えば、A社で会社規模区分が「中会社の小」である場合に、比準要素数1の会社に該当すると、株価は402円（一般の評価会社であれば264円：108円×0.6＋500円×（1－0.6)）となります。そのため、「比準要素数1の会社」に該当しないように、配当を行うなどの対策が必要となります。

【28】 類似業種比準要素の全てが0（ゼロ）の会社の自社株の相続税評価額は

Ａ社の代表取締役であった甲が、令和3年4月に死亡しました。Ａ社は3月決算の会社で、3期連続無配で、かつ、所得金額は0以下となっています。また、令和3年3月期の帳簿価額による純資産価額は債務超過となっています。

この場合、Ａ社の株式はどのように評価するでしょうか。また、生前にどのような対策を実行していれば自社株の相続税評価額は低く評価されるのでしょうか。

●落とし穴	類似業種比準価額の3要素（配当比準・利益比準・簿価純資産比準）が全て0の会社は、「開業3年未満の会社等（比準要素数0の会社を含む）」に該当し、その株式の相続税評価額は、純資産価額によって評価することとされている。 その場合、帳簿価額による純資産価額が0以下であっても、純資産価額方式による純資産価額は会社が所有する資産を、課税時期において時価に評価して求めるとしていることから、含み益のある資産を多く所有する会社は自社株の評価額が高く評価されることがある。

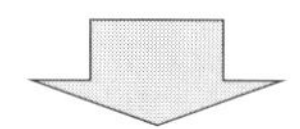

○対応策	毎年決算が終わったら、概算でもよいので自社株の相続税評価額を試算する。その場合、特定の評価会社に該当しているときは、早急に特定の評価会社から脱却することができる対策を実行する。

解　説

「比準要素数0の会社」とは、課税時期に係る直前期末を基とした類似業種比準価額計算上の評価会社の「1株当たりの配当金額」、「1株当たりの利益金額」及び「1株当たりの純資産価額（帳簿価額によって計算した金額）」のそれぞれの金額がいずれも0であるものをいいます（評基通189(4)ロ）。

「比準要素数0の会社」の純資産価額は、課税時期に係る直前期末の状況のみをもって判定することに留意する必要があります（「比準要素数1の会社」は、課税時期に係る直前期末基準及び直前々期末基準の2基準の状況で判定します。)。

なお、配当金額及び利益金額については、直前期末以前2年間の実績を反映して判定します。

			直前々期	直前期
配当	直前期基準		直前期末以前2年間の平均により計算	
利益	単年度	選択	—	直前期（1年間）で計算
	2年平均		直前期末以前2年間の平均により計算	
純資産	直前期末基準		—	直前期末で計算

「比準要素数0の会社」は、純資産価額（相続税評価額によって計算した金額）によって評価することとされていますが、議決権割合が50％以下の同族株主グループに属する株主については、その80％で評価することとされています。

比準要素数0の会社は、帳簿価額によって計算した純資産価額が「0」であることから、自社株の評価額は高くない事例が多いと思いますが、【設　例】のような場合もありますので、安心は禁物です。

【設　例】

1．Ａ社の概要

① 1株当たりの配当金額　0円

② 1株当たりの利益金額　0円

③ 純資産価額

資本金額（1000万円)、法人税法に規定する資本積立金額（1000万円)、法人税法に規定する利益積立金額（△3000万円)

④ 発行済株式数　20万株（父が全株所有している。)

⑤ 評価明細書第5表

（単位：千円）

資産の部			負債の部		
勘定科目	相続税評価額	帳簿価格	勘定科目	相続税評価額	帳簿価格
株式	20000	1000	諸負債	28000	28000

建物	4000	5000			
借地権	60000	0			
保険積立金	5000	2000			
その他	10000	10000			
合　計	99000	18000	合　計	28000	28000

2.　A社株式の相続税評価額（課税時期現在の純資産価額）

A社は、課税時期に係る直前期末では、三つの比準要素がいずれも0であることから、「比準要素数0の会社」に該当し、純資産価額によって評価する。

純資産価額は以下のように計算する。

① 相続税評価額による純資産価額　99000千円 － 28000千円 ＝ 71000千円

② 帳簿価額による純資産価額　18000千円 － 28000千円 ＜ 0　∴0

③ 評価差額に相当する金額　① － ② ＝ 71000千円

④ 評価差額に対する法人税額等相当額　71000千円 × 37%（※）＝ 26270千円

⑤ 課税時期現在の純資産価額　71000千円 － 26270千円 ＝ 44730千円

※課税時期が平成28年4月以降である場合の法人税等の税率（評基通185・186－2）

社歴の長い会社などでは、含み益を相当額有する会社もあります。特に、地価の高い所で事業を行っている会社の場合に、土地を第三者（社長であることも珍しくありません。）から賃借しているときなどでは、高額な借地権を有することもあります。

【設　例】におけるA社は帳簿価額で判定すると、債務超過となっています。しかし、簿外資産などを含めて相続税評価額で純資産価額を求めると、自社株の相続税評価額は44730千円となります。

なお、評価会社が2以上の特定の評価会社の区分に該当する場合には、以下の順位による、より上位の区分が適用されることとされています（評基通189）。例えば、比準要素数0の会社と株式等保有特定会社の双方に該当する場合には、比準要素数0の会社と判定されます。

① 清算中の会社

② 開業前又は休業中の会社

③ 開業後3年未満の会社又は比準要素数0の会社

④ 土地保有特定会社

⑤ 株式等保有特定会社

⑥ 比準要素数1の会社

【29】 業績不振に陥ったことから事業を縮小するに当たり、後継者へ自社株を移転する場合の自社株の相続税評価額は

Ａ社は、社会構造の変化に対応できず、業績が低迷しています。過去の業績がよい時の内部留保が厚くあるので、体力があるうちに従業員をリストラし、適正規模に縮小して事業が継続できるようにすることになりました。

また、この機会に自社株を後継者へ移転し事業承継を図りたいと考えました。

リストラを断行する前に自社株を後継者へ移転する場合とリストラが一段落してから自社株を移転する場合の、いずれの方法によることが税負担の軽減につながりますか。

●落とし穴	リストラを行い、一段落してから後継者へ自社株を移転する場合には、リストラによって常時使用する従業員数が減少することにより、会社規模区分がランクダウンし、自社株の相続税評価額が上昇する可能性が考えられる。

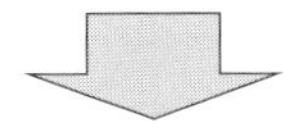

○対応策	会社規模区分が「大会社」で、純資産価額よりも類似業種比準価額が低い場合には、類似業種比準価額によって評価することができる。 純資産価額よりも類似業種比準価額が低い会社の場合には、会社規模区分がランクダウンする前に自社株の贈与を実行すれば税負担が軽減される。

解　説

一般の評価会社の場合、会社規模区分によって、自社株の相続税評価額は以下のようになります（評基通179）。

【設　例】

＜会社規模区分別純資産価額と類似業種比準価額＞

（単位：円）

	純資産価額	会社規模区分別・類似業種比準価額（注）		
		大会社	中会社	小会社
A社	500	126	108	90
B社	300	210	180	150

（注）類似業種比準価額の計算において、斟酌率が大会社0.7、中会社0.6、小会社0.5とされているため、大会社の類似業種比準価額126円の場合、中会社では126円×0.6÷0.7＝108円、小会社では126円×0.5÷0.7＝90円と計算される。

＜会社規模区分別株価＞

（単位：円）

	大会社	中会社			小会社
		大（注）	中	小	
A社	126	147	206	264	295
B社	210	192	210	228	225

※純資産価額は変動しないものと仮定。

（注）A社が中会社の大の場合、108円×0.9＋500円×（1－0.9）＝147円となる。

【設　例】のA社又はB社の場合には、一部の例外（B社の場合の「小会社」及び「中会社の大」）を除き、会社規模区分をランクアップ（小会社→中会社→大会社）すればそれだけで株価は下落します。

逆に会社規模区分がランクダウンすると株価が高くなってしまいます。

なお、会社規模は、以下の基準によって判定されます（評基通178）。

①　従業員数が70人以上の会社は大会社とする。

②　従業員数が70人未満の会社は、㋐と㋑のいずれか大きい方で判定する。

<㋐　従業員数を加味した総資産基準>

総資産価額（帳簿価額）：卸売業	小売・サービス業	その他の業種	従業員数：5人以下	20人以下5人超	35人以下20人超	69人以下35人超	70人以上
20億円以上	15億円以上	15億円以上	小会社	中会社の小	中会社の中	大会社	大会社
4億円以上	5億円以上	5億円以上	小会社	中会社の小	中会社の中	中会社の大	大会社
2億円以上	2.5億円以上	2.5億円以上	小会社	中会社の小	中会社の中	中会社の中	大会社
7千万円以上	4千万円以上	5千万円以上	小会社	中会社の小	中会社の小	中会社の小	大会社
7千万円未満	4千万円未満	5千万円未満	小会社	小会社	小会社	小会社	大会社

※1　従業員数は直前期末以前1年間の数
※2　総資産価額（帳簿価額）は直前期末の価額

<㋑　取引金額基準>

取引金額：卸売業	小売・サービス業	その他の業種	会社規模
30億円以上	20億円以上	15億円以上	大会社
7億円以上	5億円以上	4億円以上	中会社の大
3.5億円以上	2.5億円以上	2億円以上	中会社の中
2億円以上	6千万円以上	8千万円以上	中会社の小
2億円未満	6千万円未満	8千万円未満	小会社

※取引金額は直前期末以前1年間の金額

相談事例の場合、従業員数が減少することによって会社規模区分がランクダウンする可能性があり、その結果、株価が上昇することが考えられます。そのため、どのタイミングで後継者へ株式を移動することが最も税負担が軽減されるかについて、事前に自社株の相続税評価額を検証しておかなければなりません。

【30】 姻族関係終了届を提出することによって、自社株の評価方式が変わる場合

甲はＡ社の創業者で発行済株式の80％を所有しています。甲の妻は令和元年5月に死亡し、妻の弟乙が残りの株式20％を所有していましたが、令和3年4月に乙が死亡し、乙の子がＡ社株式を全株相続することになりました。

この場合、Ａ社株式はどのように評価されるのでしょうか。また、乙の生前中にどのような対応策を講じておけば相続税が軽減されるのでしょうか。

●落とし穴	相談事例の場合、乙の子は、甲の三親等の姻族に該当し、同族株主となることから、Ａ社株式は、「原則的評価方式」によって評価される。

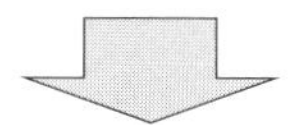

○対応策	夫婦は離婚によって姻族関係は終了する。しかし、死別の場合は、姻族関係は自動的には終了しない。そのため、乙が死亡する前に、甲が「姻族関係終了届」を提出していれば、乙の子は、甲の姻族に該当しないため同族株主以外の株主に該当し、乙の子が相続したＡ社株式は「特例的評価方式」によって評価することができる。

解　　説

姻族関係終了届とは、夫婦の一方が死亡した場合において、生存配偶者が姻族関係を終了させるために役所に提出する届のことです。

夫婦の一方が死亡しても、死亡配偶者の血族と生存配偶者との姻族関係が自然と終了することはありません。

姻族関係を終了させる場合は、生存配偶者が、姻族関係終了届を役所に提出しなければなりません（戸籍法96）。提出期限はなく、配偶者の死亡後なら、いつでも提出できます。

なお、死亡配偶者の血族が姻族関係終了届を提出することはできません。

姻族関係終了届が役所に受理されると、死亡配偶者の血族と生存配偶者との間の姻

族関係の終了という効果が生じます（民728②）。

直系血族（父母、子、祖父母、孫など）と兄弟姉妹は、互いに扶養をする義務があります（民877①）。姻族は、これに含まれないので、基本的には、互いに扶養をする義務はありません。

しかし、家庭裁判所は、特別の事情があるときは、直系血族と兄弟姉妹のほか、三親等内の親族間においても扶養の義務を負わせることができます（民877②）。

また、同居の親族は互いに扶け合わなければならないと定められていて（民730）、親族には、三親等内の姻族が含まれます（民725）。

そこで、甲が姻族関係終了届を提出すれば、姻族関係を終了させ、婚家との関係を断ち、扶養義務を消滅させることができます。

＜姻族関係終了届の件数＞

年　度	件　数	年　度	件　数
平成22年度	1911件	平成27年度	2783件
平成23年度	1975件	平成28年度	4032件
平成24年度	2213件	平成29年度	4895件
平成25年度	2167件	平成30年度	4124件
平成26年度	2202件	令和元年度	3551件

（出典：「戸籍統計」19－41－2（法務省））

取引相場のない株式等の相続税評価額は、その株式等の取得者が同族株主に該当するか否かで判定が異なります。相談事例における乙の子は、甲の親族に該当し、乙の子がＡ社株式を取得する場合は、乙の子は同族株主に該当します（評基通188(1)）。親族とは、六親等内の血族、配偶者及び三親等内の姻族とされています（民725）。同族株主がその会社の株式等を取得する場合、取得後の議決権割合が5％以上のときは「原則的評価方式」によって評価されます（評基通188(2)）。乙の子の取得後の議決権割合は5％以上になるので、その取得する株式等は、「原則的評価方式」によって評価されます。

しかし、甲が、乙の死亡前に「姻族関係終了届」（戸籍法96）を提出していれば、甲と乙は姻族ではなくなる（民728②）ことから、乙の子は同族株主以外の株主となり、その株式等は、「特例的評価方式」によって評価されることになります。

その結果、乙の子の相続税は軽減されることになります。

【31】 贈与税の配偶者控除によって配偶者に居住用不動産を贈与しても、期待するような相続税の軽減につながらない場合

父は、婚姻期間が20年以上となったことから、居住用不動産2000万円を、母へ贈与税の配偶者控除の適用を受けて贈与すれば、相続税が軽減されると思って贈与しました。このような贈与には税金はかからないと聞いていたのですが、後から税金の納付書が送られてきました。なぜでしょうか。

●落とし穴	相談事例の場合、相続税は第一次相続（父の相続）と第二次相続（母の相続）の通算の相続税額が軽減される対策がポイントとなるが、配偶者への贈与は、第二次相続の相続税が重くなるので通算相続税額が軽減されないこともある。 また、贈与税は非課税であっても、不動産が贈与によって移転しているので、登録免許税や不動産取得税が課される。

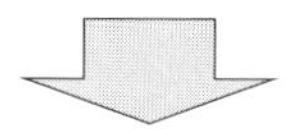

○対応策	不動産の移転に伴う登録免許税や不動産取得税について課税されるが、居住用不動産の贈与では土地だけでなく、建物も一部贈与すれば不動産取得税を軽減することができる。 また、どのくらい通算相続税の軽減になるのか事前の確認を欠かさず行う。

解　説

贈与税の配偶者控除は、婚姻期間が20年以上の夫婦の間で、居住用不動産又は居住用不動産を取得するための金銭の贈与が行われた場合、基礎控除110万円のほかに最高2000万円まで控除できるという特例です（相法21の6）。

この特例の活用に当たっての留意点について、二つの【設　例】を用いて解説します。

(1)　贈与する財産は土地だけでなく、住宅も贈与すると不動産取得税が軽減される場合

【設例１】

1.　居住用不動産を贈与税の配偶者控除によって妻へ贈与した。
　相続税評価額2400万円
　①　土地（面積200㎡）　2000万円
　②　住宅（床面積100㎡・昭和63年新築）　400万円
　　なお、この住宅は、不動産取得税の軽減を受けることができる住宅である。

2.　固定資産税評価額
　①　土地　1000万円
　②　住宅　 400万円

3.　贈与税・登録免許税及び不動産取得税
　(1)　土地のみを贈与した場合
　(2)　土地と住宅の1/4を贈与した場合

	土地のみを贈与(1)	土地と住宅の1／4を贈与(2)
贈与税	2000万円 －（2000万円 ＋ 110万円）＜ 0円 ∴贈与税は課されない。	（2000万円 ＋ 400万円 × 1/4）－（2000万円 ＋ 110万円）＜ 0円 ∴贈与税は課されない。
登録免許税	1000万円 × 2.0% ＝ 20万円	（1000万円 ＋ 400万円 × 1/4）× 2.0% ＝ 22万円
不動産取得税	1000万円 × 1/2 × 3.0% ＝ 15万円	・土　地 控除額の計算 （1000万円 ÷ 200㎡）× 1/2 ×（100㎡ × 2）× 3.0% ＝ 15万円 ≧ 4万5000円 ∴15万円 不動産取得税 （1000万円 × 1/2 × 3.0%）－ 15万円 ＝ 0円 ・住　宅 （400万円 × 1/4 － 450万円）× 3.0% ＜ 0 ∴不動産取得税は課されない。

(2)　贈与税の配偶者控除によって贈与しても通算相続税の軽減の効果が少ない場合

【設例２】

1.　被相続人　父（令和3年4月死亡）
2.　相続人　母・長男
3.　遺産額　5億円（配偶者控除適用前）で法定相続分どおり相続する。
4.　その他　母固有の財産はないものとし、配偶者の税額軽減をフル活用するものとする。なお、母は令和4年に死亡するものと仮定する。
5.　父から母へ贈与税の配偶者控除の適用を受け、2000万円の生前贈与を行っていたか否かによる相続税の差異

<贈与税の配偶者控除の適用の有無による相続税の差異>

（単位：万円）

	贈与税の配偶者控除を適用しなかった場合			贈与税の配偶者控除を適用した場合		
	第一次相続	第二次相続	合　計	第一次相続	第二次相続	合　計
課税価格	50000	25000	−	48000	26000	−
基礎控除額	4200	3600	−	4200	3600	−
課税遺産総額	45800	21400	−	43800	22400	−
納付税額	7605	6930	14535	7155	7380	14535

以上の【設例２】においては、贈与税の配偶者控除を適用しても、第一次相続及び第二次相続の通算相続税は同額になります（ちなみに、相続人が母と子2人の場合の通算相続税は、配偶者控除を適用したときの相続税が25万円少なくなります。）。しかし、贈与によって不動産が移転することに伴い登録免許税や不動産取得税などの移転コストが生じることに留意しておかなければなりません。

一方、配偶者の残された時間を有効に活用することができれば、第二次相続対策を行うことで、通算相続税を軽減するチャンスは残されています。

第 4 章

相続税の軽減対策に関する落とし穴（相続発生後）

【32】　相続税対策をしていた中、逆縁が発生した場合

父は、相続税対策として長男へ生前贈与を毎年繰り返し行っていました。しかし、独身の長男が事故で死亡しました。そのため、父が贈与した財産を含めて全ての財産を父が相続（母は既に死亡）することになり、相続税対策の効果は逆効果となってしまいます。

どのような対処法が考えられますか。

●落とし穴	相続対策は、一定の前提条件を基に立案して対策を実行することになるため、前提条件が異なれば相続対策の効果が消滅・減殺、又は逆効果となる。

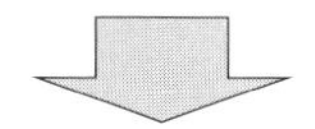

○対応策	相続対策を行う場合の前提条件が異なれば、期待した結果が得られないことがある。そのことを、相続人等には理解してもらっておかなければトラブルになりかねない。 逆縁が発生した場合、親に財産が逆流することを防止するために、被相続人に兄弟姉妹がいるときには親が相続の放棄をすることが考えられる。

解　説

親が先に亡くなり、その後に子が亡くなるというのが一般的な順序となります。その順序が逆になるということで、「逆縁」といいます。

相続対策は、一定の前提条件を基に立案して対策を実行します。その中で、欠かせない前提条件として、死亡する順序を決めることになります。相続対策は、最も先に死亡する可能性が高い人の対策を優先して行うことになります。

しかし、独身の子に逆縁のような想定外のことが起こると、相続対策の効果が消滅・減殺、又は逆効果となることもあります。相続対策を行う場合には、逆縁になる可能性も皆無ではないことを、相続人等には理解しておいてもらうことが肝要です。

また、逆縁が発生した場合の対処法として、親が相続の放棄を家庭裁判所で行えば、相続の順序が変わり第3順位の相続人（兄弟姉妹）が相続することになります。その場合、相続税額の2割加算の対象となりますが（相法18）、親が亡くなったときの相続税を考慮すると、結果として相続税の負担を軽減することにつながる可能性もあります。

相続の放棄は、相続の開始があったことを知った時から3か月以内とされていますので（民915）、限られた時間しか残されていませんが、兄弟姉妹が相続した方が有利か否かについて早急な検証が欠かせません。

【33】 被相続人の正味財産が相続税の基礎控除額以下でも相続税が課税される場合

父は生前に相続税対策として、銀行から借金をしてアパートを建築していました。父が死亡し、相続財産を確認したら借金が多く残されていたので、父の正味財産が相続税の基礎控除額以下となります。

この場合、相続人間で遺産をどのように分割しても相続税は課税されないと思いますが、いかがでしょうか。

●落とし穴	被相続人の正味財産（債務等を控除した後の財産）に生前贈与加算をした金額が、相続税の基礎控除額以下であれば、相続税は課されない。しかし、相続人が取得した財産の価額等から債務等を控除した金額が赤字である場合には純資産価額は0とし、その価額に生前贈与加算をして各相続人等の課税価格が算出される。そのため、遺産分割によっては、各相続人等の課税価格の合計額が基礎控除額を超える計算結果となり、相続税が課されることもある。

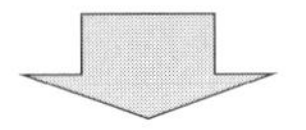

○対応策	遺産分割を行う際に、各相続人等の純資産価額が赤字にならないように注意するなどの対応策が考えられる。

解　説

相続又は遺贈によって取得した財産に係る相続税の課税価格に算入すべき価額は、財産の価額から、被相続人の債務等の金額のうちその財産を取得した者の負担に属する部分の金額を控除した金額によることとされています（相法13①）。

その場合、特定の相続人が相続財産の価額を超えて債務を負担することとなっても、他の共同相続人や包括受遺者の相続税の課税価格を計算するに当たってその債務超過分を控除することはできません。また、債務控除は、相続開始前3年以内に贈与により取得した財産の価額を加算する前の課税価格から行う（相基通19－5）こととされています。そのため、被相続人の正味財産が相続税の基礎控除額以下であっても、遺産分割によっては相続税が課されることもあります。

そのことを、以下の【設　例】で検証します。

【設　例】

1．被相続人　父（令和3年4月死亡）

2．相続人　長男・長女

3．相続財産

①　賃貸不動産　8000万円

②　その他の財産　5000万円

③　借入金（賃貸不動産に係るもの）　△9000万円

4．遺産分割

以下のいずれかの分割を行う。

(1)　全ての財産を法定相続分どおり相続する。

(2)　長男が賃貸不動産と借入金を、長女がその他の財産を相続する。

(3)　上記(2)に加えて、長女から長男へ代償金1000万円を支払う。

5．生前贈与

長男は令和2年に、父から110万円の贈与を受けていた。

6．相続税の計算

（単位：万円）

	(1)による分割		(2)による分割		(3)による分割	
	長男	長女	長男	長女	長男	長女
賃貸不動産	4000	4000	8000	−	8000	−
その他の財産	2500	2500	−	5000	−	5000
代償金	−	−	−	−	1000	△1000
借入金	△4500	△4500	△9000	−	△9000	−
純資産価額	2000	2000	（注）0	5000	0	4000
生前贈与加算	110	−	110	−	110	−
課税価格	2110	2000	110	5000	110	4000
基礎控除額	4200		4200		4200	
課税遺産総額	0		910		0	

相続税の総額	0		91		0	
各人の算出税額	0	0	2	89	0	0

(注)純資産価額が赤字のときは、「0」とされる。

上記の【設　例】では、(2)による分割の場合には、長男の純資産価額が赤字となっているため、赤字の部分は切り捨てられます（相続税申告書（第1表）、相基通19－5）。そのため、課税価格の合計額は5110万円になり、相続税の基礎控除額を上回り相続税が課されることになります。

(1)又は(3)による分割の場合には、切り捨てられる金額がないことから、課税価格の合計額は4110万円になり、相続税の基礎控除額以下の金額であることから、相続税は課されません。

【34】 遺産分割協議が調わなかったために、非上場株式等についての相続税の納税猶予の適用を受けることができない場合

父が令和2年6月に死亡しました。父の相続人は、私（長男）と二男及び長女の3人です。父の遺産のうち、父が大株主となっている会社の非上場株式等は後継者である私が相続し、非上場株式等についての相続税の納税猶予の適用を受ける予定です。

しかし、父は遺言書を残していなかったので、遺産分割協議によることになりますが、分割協議が調わなかったら相続税の納税猶予の適用を受けることができないのでしょうか。

●落とし穴	非上場株式等についての相続税の納税猶予の適用を受けようとする場合には、都道府県知事に対して相続開始の日の翌日から8か月以内に認定申請書を提出しなければならないとされている。認定申請書には、その株式等を誰が相続するのかが決まっていることを示すもの、すなわち、遺産分割協議書又は遺言書の添付が必要とされている。 そのため、相続人間での遺産分割協議が調わなかった場合には、非上場株式等についての相続税の納税猶予の適用を受けることができない。 また、未分割の株式の議決権の行使については、権利を行使する者を1人定めて行うことになるため、権利を行使する者が誰になるかによって、事業承継に支障が生じることもある。

○対応策	非上場株式等についての相続税の納税猶予の適用を受ける予定の場合には、遺言書で後継者にその株式等を相続させるとしておくようにする。また、非上場株式等についての贈与税の納税猶予によって生前に後継者へその株式等を贈与しておくことも検討する。

解　説

1　相続税の納税猶予の適用を受ける場合の効果

非上場株式等についての相続税の納税猶予の適用を受けようとする場合には、都道府県知事に対して相続開始の日の翌日から8か月以内（経営承継規7②）に、遺産分割協議書又は遺言書を添付して認定申請書を提出しなければならないとされています（措規23の12の3⑯五・六）。

そのため、相続人間での遺産分割協議が調わなかった場合には、認定書（経営承継規7⑭）の写しを添付して相続税の申告をすることができないため、非上場株式等についての相続税の納税猶予の適用を受けることができません（措法70の7の6⑥）。

納税猶予の適用を受けることができない場合、相続税の負担がどのようになるのか、【設　例】で検証してみます。

【設　例】

1. A社の概要　発行済株式総数1000株（株主　父600株・長男400株）
2. 被相続人　父（令和2年6月死亡）
3. 相続人　長男（A社代表取締役）・二男・長女
4. 父の相続財産
   - A社株式（600株）　1億2000万円
   - その他の財産　2億4000万円
5. 遺産分割
   (1)　調わなかった。
   (2)　A社株式は長男が相続し、その他の財産は長男・二男及び長女がそれぞれ1/3ずつ相続する。
6. 相続税

（単位：万円）

	分割協議が調わなかった場合(1)			分割協議が調って納税猶予の適用を受ける場合(2)		
	長男	二男	長女	長男	二男	長女
A社株式	4000	4000	4000	12000	－	－
その他の財産	8000	8000	8000	8000	8000	8000
課税価格	12000	12000	12000	20000	8000	8000

相続税の総額	7380			7380		
各人の算出税額	2460	2460	2460	4100	1640	1640
特例株式等納税猶予税額	－	－	－	（注） △2083	－	－
納付税額	2460	2460	2460	2017	1640	1640

（注）（1億2000万円 ＋ 8000万円 ＋ 8000万円）－ 4800万円 ＝ 2億3200万円（課税遺産総額）
　→ 4860万円（相続税の総額）
　4860万円 ×（1億2000万円 ÷ 2億8000万円）≒ 2083万円（長男の相続税（納税猶予税額））

上記の【設　例】の場合、遺産分割協議が調った場合は、特例株式等納税猶予税額だけ全体の納付税額が少なくなります。しかし、納税猶予であって免税ではないことに留意しておかなければなりません。

２　事業承継に支障が生じることへの対策

未分割遺産である株式は準共有状態にあるため、会社法106条により、株式についての権利を行使するためには、権利を行使する者を1人定め、その氏名をその会社に通知することが必要で、これをしなければ、その会社がその権利を行使することに同意した場合を除き、その株式についての権利を行使することができません。

そのため、上記の【設　例】の場合、被相続人が考える後継者以外の者が経営権を握ることになるかもしれません。

これは、準共有状態にあるＡ社株式600株の議決権の行使について、相続人の3人がそれぞれ1/3ずつ持分を有していることから、準共有状態にあるＡ社株式600株についてこの3人のうち2人が合意すれば、過半数をもって議決権を行使する者を選任することができます（最判平9・1・28裁判集民181・83、最判平27・2・19民集69・1・25）。そのため、二男及び長女が合意してＡ社株式の議決権を行使する者を二男と定め、Ａ社に通知すれば、二男が600株の議決権を行使することができます。その結果、二男は株主総会において過半数の議決権を有することから、役員改選などによって二男又は長女が会社の経営権を握ることができます。

また、「会社法106条ただし書は、準共有状態にある株式の準共有者間において議決権の行使に関する協議が行われ、意思統一が図られている場合にのみ、権利行使者の指定及び通知の手続を欠いていても、会社の同意を要件として権利行使を認めたものと解するのが相当であるところ、準共有者間において準共有株式の議決権行使について何ら協議が行われておらず、意思統一も図られていない場合には、会社の同意があっても、準共有者の1名が代理人によって準共有株式について議決権の行使をすることはできず、準共有株式による議決権の行使は不適法と解すべきである。」（東京高判平24・11・28判タ1389・256）とする判決の上告審（最判平27・2・19民集69・1・25）においてもその判断が支持されていますので、長男は会社の同意があっても単独では過半数の議決権を確保することはできません。

以上のことから、父が長男へ事業を承継させたいと考える場合には、生前贈与によってＡ社株式の過半数を贈与しておくか、遺言書によって長男がＡ社株式を相続することができるようにしておかなければなりません。そうすることで、非上場株式等についての相続税の納税猶予の適用を受けることができ、かつ、スムースな事業承継に役立ちます。

また、遺言書が残されていれば、遺留分の請求が行われたとしても、民法が改正され、令和元年7月1日以後に開始した相続から、遺留分減殺請求権（形成権）が遺留分侵害額請求権（財産権）に変更された（民1046）ことから、株式等が準共有状態に戻ることはありません。

なお、非上場株式等についての贈与税の納税猶予の適用によって、生前に後継者へ株式等を贈与しておけば、その贈与者に相続が開始した場合には、猶予されている贈与税は免除され、相続税の納税猶予へ切り替えることができます（措法70の7の7）。この方法によれば､生前に株式等が贈与によって移動し事業承継が完了していることから、相続のときに遺産分割協議などの必要がなく、スムースな事業承継を実現することができます。

【参考判例】最判平9・1・28裁判集民181・83

（要　旨）

持分の準共有者間において権利行使者を定めるに当たっては、持分の価格に従いその過半数をもってこれを決することができるものと解するのが相当である。けだし、準共有者の全員が一致しなければ権利行使者を指定することができないとすると、準共有者のうちの1人でも反対すれば全員の社員権の行使が不可能となるのみならず、会社の運営にも支障を来すおそれがあり、会社の事務処理の便宜を考慮して設けられた規定の趣旨にも反する結果となるからである。

【参考判例】最判平27・2・19民集69・1・25

（要　旨）

共有に属する株式についての議決権の行使は、当該議決権の行使をもって直ちに株式を処分し、又は株式の内容を変更することになるなど特段の事情のない限り、株式の管理に関する行為として、民法252条本文により、各共有者の持分の価格に従い、その過半数で決せられるものと解するのが相当である。

【参考法令】会社法

（共有者による権利の行使）

第106条　株式が二以上の者の共有に属するときは、共有者は、当該株式についての権利を行使する者1人を定め、株式会社に対し、その者の氏名又は名称を通知しなければ、当該株式についての権利を行使することができない。ただし、株式会社が当該権利を行使することに同意した場合は、この限りでない。

【参考法令】民　法

（共有物の管理）

第252条　共有物の管理に関する事項は、前条の場合を除き、各共有者の持分の価格に従い、その過半数で決する。ただし、保存行為は、各共有者がすることができる。

【35】 非上場株式等についての相続税の納税猶予が取消しになる場合

父は、令和元年5月に死亡し、私（甲）は非上場株式等（Ａ社）についての相続税の納税猶予の適用を受けています。その会社の株主である叔父（父の弟）が亡くなっても、私が受けている相続税の納税猶予について取消しになることはありませんか。

なお、令和3年4月におけるＡ社の株主構成は以下のとおりです。

株　主	所有株式数	役　職	摘　要
甲	350株	代表取締役	全株父から相続し、納税猶予を受けている
叔　父	250株	取締役	父の弟
叔父の子（乙）	120株	取締役	叔父の長男
叔　母	200株	－	父の妹
少数株主	80株	－	同族株主以外の株主
合　計	1000株	－	－

●落とし穴

相談事例の場合、特例経営承継期間中に叔父が亡くなって、その株式を乙が全株相続すると、所有株式数は250株＋120株＝370株となり、乙が特別関係者の中で筆頭株主となる。この場合、納税猶予を受けている甲の議決権数を上回ることになり、納税猶予額の全部について納税の猶予に係る期限が到来することになる。

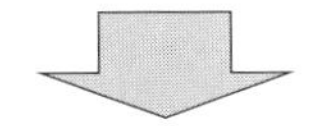

○対応策

叔父の相続が開始する前に、叔母又は少数株主などから株式を取得し、乙が叔父の株式全株を取得しても、甲が特別関係者の中の筆頭株主要件を満たすようにしておく。

また、叔父の相続発生後は、全株を乙が相続するのではな

く、他の相続人が一定の株数を相続し、甲が特別関係者の中の筆頭株主要件を満たすように協力を要請する。

解　説

特例経営承継期間内に、特例経営承継相続人等の特別関係者のうちいずれかの者(特例措置の適用を受ける他の者を除きます。)が、当該特例経営承継相続人等が有する特例認定承継会社の非上場株式等に係る議決権の数を超える数の当該非上場株式等の議決権を有することとなった場合には、その有することとなった日から2か月を経過する日をもって、納税猶予額の全部について納税の猶予に係る期限が到来することとされています（措法70の7の6③）。

そのため、相談事例の場合には、特例経営承継期間内に叔父の相続が開始し、乙が全株相続すると、甲は特別関係者の中の筆頭株主要件を満たさなくなり、甲の猶予されている税額は全額納付しなければならなくなります。

なお、「特例経営承継期間」とは、原則として、相続税の申告書の提出期限の翌日以後5年を経過する日とされています（措法70の7の6②六）。

また、「特例経営承継相続人等」とは、相続又は遺贈により特例認定承継会社の非上場株式等の取得をした個人で一定の要件を満たす者をいいます（措法70の7の6②七）。

「特別関係者」とは、当該個人の親族、当該個人と婚姻の届出をしていないが事実上婚姻関係と同様の事情にある者など一定の個人及び会社をいいます（措令40の8の2⑪㉙）。

「特例認定承継会社」とは、中小企業における経営の承継の円滑化に関する法律の認定を受けた会社で一定の要件を満たす会社をいいます（措法70の7の6②一）。

【36】 同族株主が取得する株式でも、支配権を有しない同族株主で中心的な同族株主に該当しない場合

父が令和3年4月に死亡しました。相続人は、母・長男・二男の3人です。父は、父の兄と一緒にＡ社の経営に携わってきましたが、私たち家族はＡ社の役員でもなく今後もＡ社の経営に関わる予定はありません。

Ａ社の株主は、父の兄が68％、父が12％、残りは従業員株主となっています。Ａ社は業績も良く、原則的評価額は2万円、特例的評価額（配当還元方式）は500円となっています。父の株式は長男が全て相続することを考えています。父が亡くなった後でも、何か対応策はありますか。

●落とし穴	相談事例の場合、長男が、父のＡ社株式を全株相続すると、長男は同族株主に該当し、原則的評価方式によって評価されることになる。そのため、相続開始後においては母が相続して、母の相続対策でＡ社株式を子や孫へ贈与するなどの方法が考えられるが、対応策にあるような方法が望ましい。

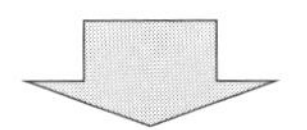

○対応策	同族株主が取得する株式でも、取得後の議決権割合が5％未満で、かつ、中心的な同族株主に該当しないときなどには、特例的評価方式によって評価することができる。 そのため、遺産分割において、例えば、3人の相続人が均分に相続すれば、各相続人の取得後の議決権割合は5％未満となり、その他の要件を満たすことで、Ａ社株式は特例的評価方式によって評価することができる。

解　説

同族株主が取得する株式でも、支配権を有しない同族株主で中心的な同族株主に該当しない場合には、特例的評価方式によって評価することができます（評基通188）。

そこで、相続発生後に、同族株主に該当する株主が、遺産分割によってどのように

自社株を相続するかによる、A社株式の相続税評価額の増減について【設　例】で確認します。

【設　例】

1.　被相続人　父（令和3年4月死亡）

2.　相続人　母・長男・二男（全員A社の役員ではない）

3.　相続財産

①　A社株式　1200株（12%所有し全て普通株式で議決権は1株につき1個。原則的評価方式による価額2万円・配当還元価額500円）

②　その他　2億2800万円

4.　A社の株主の状況

父の兄が6800株（68%）の株式を、父の兄の子は2000株（20%）を所有している。父の兄が代表取締役、父は専務取締役で、父の兄の子が取締役に就任していて将来の後継予定者と目されている。

5.　分割方法

分割案1　A社株式は1/3ずつ相続し、その他の財産は法定相続分どおり相続する。

分割案2　A社株式は長男が全て相続し、その他の財産は法定相続分どおり相続する。

（単位：万円）

	分割案1（A社株式を均分に相続）				分割案2（A社株式全株を長男が相続）			
	母	長男	二男	合　計	母	長男	二男	合　計
A社株式	20	20	20	60	−	2400	−	2400
その他	11400	5700	5700	22800	11400	5700	5700	22800
課税価格	11420	5720	5720	22860	11400	8100	5700	25200
納付税額	0	854	854	1708	0	1299	914	2213

分割案2によると、長男は同族株主で、かつ、取得後の議決権割合が5%以上となることから、A社株式の相続税評価額は原則的評価方式によって評価することとなります。

一方、分割案1によれば、母・長男及び二男は、全員同族株主に該当しますが、取得後の議決権割合は5%未満で、他に中心的な同族株主（父の兄やその子）がいて、母・長男及び二男は中心的な同族株主に該当せず、かつ、役員でもないことから、特例的評価方式によって評価することができます（評基通188(2)）。

＜分割案1による遺産分割を行った場合の原則評価・特例評価判定表＞

	父の兄	父の兄の子	母	長男	二男	合　計	中心的な同族株主の判定
	6800	2000	400	400	400	10000	
父の兄	6800	2000	−	−	−	8800	○
父の兄の子	6800	2000	−	−	−	8800	○
母	−	−	400	400	400	1200	×
長男	−	−	400	400	400	1200	×
二男	−	−	400	400	400	1200	×

【37】 数年内に第二次相続が開始すると予想される場合、通算相続税が最も少なくなる割合は

父が令和3年4月に死亡しました。相続財産は5億円で、相続人は母（75歳）と長男及び長女の3人です。母の固有の財産は1億円です。

今回の相続税が最も少なくなるのは、母が法定相続分以上相続することだと聞きました。留意点はありますか。

●落とし穴	相談事例の場合、母が法定相続分以上相続すれば、今回の相続税の納付税額は最も少なくなる。しかし、第二次相続（母）までの通算相続税の負担を考慮して、相続する割合を検討しておかなければ通算相続税が重くなる可能性が考えられる。

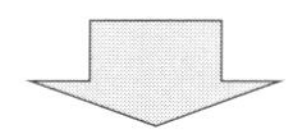

○対応策	母が法定相続分以上を相続するのではなく、父から1割程度相続することで通算相続税が最も少なくなると思われる。 しかし、母の相続対策を実行すれば、今回相続する割合を高くしても通算相続税は軽減される。 それらのことを前提に、母が相続する割合を慎重に検討しなければならない。

解　説

第一次相続と第二次相続の通算相続税を軽減するために、第一次相続で配偶者が相続する金額を法定相続分よりも少なく相続する遺産分割を検討することになります。相談事例の場合、母が法定相続分よりも少なく相続することが通算相続税を考慮すると有利になると予想される場合でも、相続した現預金を30歳未満の子や孫への教育資金の一括非課税贈与（措法70の2の2）をすることを前提に、その分多めに相続すれば、第一次相続において配偶者の税額軽減（相法19の2）の活用につながり、かつ、非課税贈与によって母の相続税の軽減にも役立ちます。

【設例１】
1．被相続人　父（令和3年4月死亡）
2．父の遺産　5億円
3．相続人　母・長男・長女
4．その他　母固有の財産は1億円とする。
5．母の相続（令和14年2月に死亡すると仮定）

（単位：万円）

相続割合	第一次相続の税額		第二次相続の税額	合計税額
母：子	母（①）	子2人（②）	子2人（③）	①＋②＋③
10：0	6555	0	16760	23315
9：1	5244	1311	15100	21655
8：2	3933	2622	13440	19995
7：3	2622	3933	11872	18427
6：4	1311	5244	10396	16951
5：5	0	6555	8920	15475
4：6	0	7866	6920	14786
3：7	0	9177	4920	14097
2：8	0	10488	3340	13828
1：9	0	11799	1840	13639
0：10	0	13110	770	13880

(注1)相続税額は、令和3年4月現在の税制による。
(注2)母が相続した財産の額は変動しないものとする。
(注3)税額控除は、配偶者の税額軽減のみとして計算している。

【設例１】の場合、母が遺産の1割程度を相続することが通算相続税の負担を最も軽減することにつながります。

なお、母が相続した財産の額に変動がないことを前提としていますので、仮に長男や長女の子が未成年で教育資金の一括非課税贈与を活用することを前提に、母に多く相続してもらえば更に相続税の負担が軽くなります。

【設例１】の前提条件のままで、母が相続した財産から、長男及び長女の子にそれぞれ1500万円の教育資金の一括非課税贈与（措法70の2の2）を実行することとします。その結果、【設例２】のとおり、母の相続（第二次相続）時の財産は3000万円少なくなります。

【設例２】

（単位：万円）

相続割合	第一次相続の税額		第二次相続の税額	合計税額
母：子	母（①）	子2人（②）	子2人（③）	①＋②＋③
10：0	6555	0	15410	21965
9：1	5244	1311	13750	20305
8：2	3933	2622	12146	18701
7：3	2622	3933	10672	17227
6：4	1311	5244	9196	15751
5：5	0	6555	7720	14275
4：6	0	7866	5720	13586
3：7	0	9177	3940	13117
2：8	0	10488	2440	12928
1：9	0	11799	1160	12959
0：10	0	13110	320	13430

※留意事項は【設例１】と同じ

【設例２】の場合、母が父の遺産の2割程度を相続することが通算相続税を最も少なくする結果となります。

【38】 同年中に連続して相続が開始した場合、通算相続税が最も少なくなる割合は

父が令和3年4月に死亡しました。父は遺言書を残していません。父の遺産は5億円で、相続人は母・長男及び長女の3人です。

その後、母が令和3年5月に死亡しました。母の固有の財産は2億円でした。

この場合、父の相続において母がどの程度の割合を相続することで、相続税が最も軽減されますか。

●落とし穴	相談事例の場合、父と母の通算相続税まで考慮して、相続税が最も少なくなるのは、母が父の遺産を1円も相続しない場合である。 しかし、母が配偶者の税額軽減の適用を受けない場合には、結果が異なることがある。

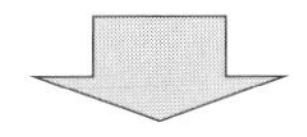

○対応策	父の相続において母が1割程度の割合で相続し、配偶者の税額軽減の適用を受けないことが通算相続税を最も少なくすることになる。

解　説

相談事例の場合、同年中に父に続いて母が亡くなったので、父の相続において母が父の遺産を相続することになりますが、父の遺産分割協議には、母の相続人が代わって参加することになるため、結局長男と長女の合意によって母の相続する財産とその額を決めることができます。

相談事例のように、同年中に連続して相続が開始した場合には、父と母の通算相続税が最も少なくなる割合については、配偶者の税額軽減の規定の適用を受けないで、相次相続控除を適用し、父の相続財産の約1割を母が相続すれば通算相続税が最も少なくなります。

(1)　配偶者の税額軽減

配偶者の税額軽減とは、被相続人の配偶者が遺産分割や遺贈により実際に取得した正味の遺産額が、①1億6000万円、又は②配偶者の法定相続分相当額のどちらか多い金額までは配偶者に相続税はかからないという制度です（相法19の2①)。

この規定は、相続税の申告書にこの適用を受ける旨及び一定の書類の添付がある場合に限り適用する（相法19の2③）とされています。そのため、相続税の申告に当たり、配偶者の税額軽減の規定の適用を受けることが有利か否か慎重に判断しなければなりません。

(2)　相次相続控除

今回の相続開始前10年以内に被相続人が相続、遺贈や相続時精算課税に係る贈与によって財産を取得し相続税が課されていた場合には、その被相続人から相続（被相続人からの相続人に対する遺贈に限ります。）や、相続時精算課税に係る贈与によって財産を取得した相続人の相続税額から、一定の金額を控除します（相法20)。

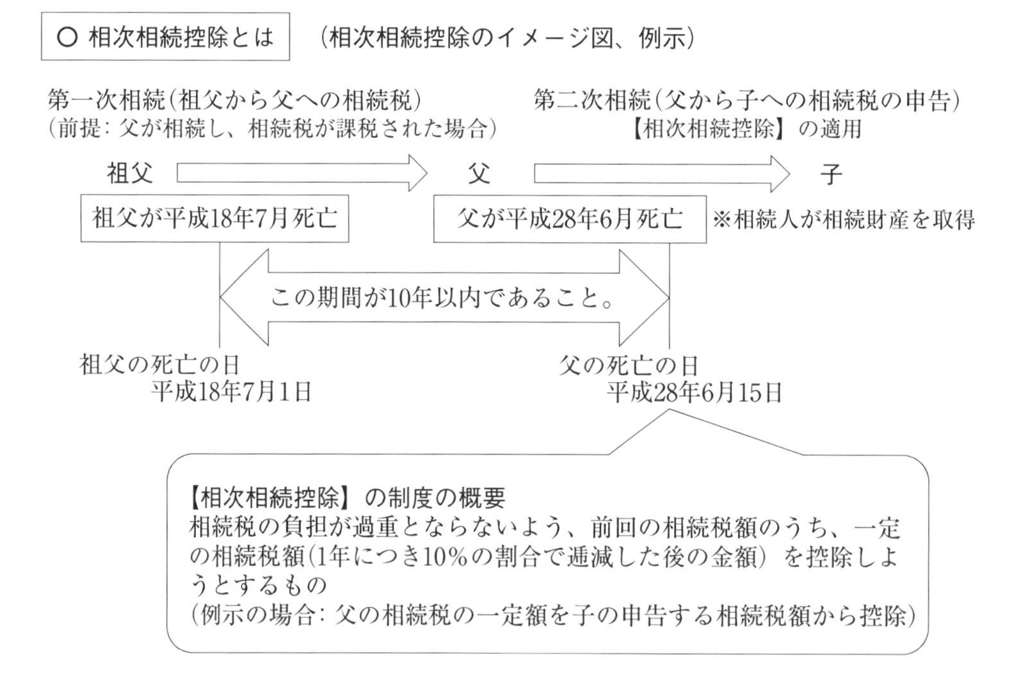

（タックスアンサー№4168「相次相続控除」（国税庁））

そこで、以下の【設例1】及び【設例2】で、配偶者の税額軽減の適用を受けるか否かによる相続税の有利不利を判定してみます。

【設例１】配偶者の税額軽減制度の適用を受ける場合

1．被相続人　父（令和3年4月死亡）
2．父の遺産　5億円
3．相続人　母・長男・長女
4．その他　母固有の財産は2億円とする。
5．母の相続（令和3年5月死亡）

（単位：万円）

相続割合	第一次相続の税額		第二次相続の税額	合計税額
母：子	母（①）	子（②）	1年以内に相続発生（③）	①＋②＋③
10：0	6555	0	（注3）14705	21260
9：1	5244	1311	14356	20911
8：2	3933	2622	14007	20562
7：3	2622	3933	13658	20213
6：4	1311	5244	13309	19864
5：5	0	6555	12960	19515
4：6	0	7866	10920	18786
3：7	0	9177	8920	18097
2：8	0	10488	6920	17408
1：9	0	11799	4920	16719
0：10	0	13110	3340	16450

(注1) 相続税額は、令和3年4月現在の税制による。
(注2) 税額控除は、配偶者の税額軽減及び相次相続控除額のみとして計算している。
(注3) 計算内容の例示

（5億円 ＋ 2億円 － 6555万円）－ 4200万円
＝ 5億9245万円（第二次相続時の課税遺産総額）
（5億9245万円 × 1/2 × 45％ － 2700万円）× 2人
＝ 2億1260万円（第二次相続の相続税の総額）
2億1260万円 － 6555万円（相次相続控除額）≒ 1億4705万円（第二次相続の税額）

上記のとおり、配偶者の税額軽減の適用を受ける場合には、母が父の遺産を相続しないことで最も通算相続税額が少なくなります。

【設例2】配偶者の税額軽減制度の適用を受けない場合

1.　被相続人　父（令和3年4月死亡）

2.　父の遺産　5億円

3.　相続人　母・長男・長女

4.　その他　母固有の財産は2億円とする。

5.　母の相続（令和3年5月死亡）

（単位：万円）

相続割合	第一次相続の税額		第二次相続の税額	合計税額
母：子	母（①）	子（②）	1年以内に相続発生（③）	①＋②＋③
10：0	13110	0	（注3）5200	18310
9：1	11799	1311	4851	17961
8：2	10488	2622	4502	17612
7：3	9177	3933	4153	17263
6：4	7866	5244	3908	17018
5：5	6555	6555	3743	16853
4：6	5244	7866	3578	16688
3：7	3933	9177	3413	16523
2：8	2622	10488	3250	16360
1：9	1311	11799	3135	16245
0：10	0	13110	3340	16450

（注1）相続税額は、令和3年4月現在の税制による。

（注2）税額控除は、相次相続控除額のみとして計算している。

（注3）計算内容の例示

（5億円 ＋ 2億円 － 1億3110万円）－ 4200万円

＝ 5億2690万円（第二次相続時の課税遺産総額）

（5億2690万円 × 1/2 × 45% － 2700万円）× 2人

＝ 1億8310万円（第二次相続の相続税の総額）

1億8310万円 － 1億3110万円（相次相続控除額）≒ 5200万円（第二次相続の税額）

上記のとおり、配偶者の税額軽減の適用を受けない場合には、母は父の遺産のうち1割程度を相続することで、通算相続税額は【設例１】と比較して205万円少なくなります。

なお、次の【前提条件】のように、被相続人の遺産の額、残された配偶者の固有の財産の額、子の人数などの条件によって、配偶者が相続した遺産について、配偶者の税額軽減の適用を受けるか否かによって有利不利が混在します。

【前提条件】第一次相続において配偶者の税額軽減の適用を受けない場合

① 配偶者の固有の財産は1億円

② 1年以内に連続して相続が開始するものと仮定

③ 配偶者が相続した遺産について、配偶者の税額軽減の適用を受けない。

④ ③の場合、相次相続控除を適用して第二次相続の税額計算を行う。

＜第二次相続までの通算相続税額＞

（単位：万円）

遺産の額	配偶者と子1人				配偶者と子2人			
	配偶者の相続割合				配偶者の相続割合			
	100%	50%	20%	10%	100%	50%	20%	10%
5億円	16396	15613	15811	15953	13810	13112	13112	13299
6億円	19710	19710	19851	20211	17360	17360	17360	17360
7億円	24500	24500	24500	24730	21740	21740	21740	21740
8億円	29500	29500	29500	29500	26240	26240	26240	26240
9億円	34500	34500	34500	34500	30872	30872	30872	30872
10億円	39500	39500	39500	39500	35620	35620	35620	35620

※配偶者と子が1人で遺産の額が5億円、配偶者が50%相続する場合の計算例

第一次相続：5億円に対する相続税の総額　1億5210万円（配偶者7605万円、子7605万円）

第二次相続：（2億5000万円－7605万円）＋1億円＝2億7395万円 → 相続税の総額8008万円

8008万円－7605万円（相次相続控除額）＝403万円

通算相続税：1億5210万円＋403万円＝1億5613万円

【参　考】第一次相続において配偶者の税額軽減の適用を受ける場合

＜第二次相続までの通算相続税額＞

（単位：万円）

遺産の額	配偶者と子1人				配偶者と子2人			
	配偶者の相続割合				配偶者の相続割合			
	100%	50%	20%	10%	100%	50%	20%	10%
5億円	20198	19105	17028	16549	16760	15476	13830	13641
6億円	24073	23855	21428	20999	20304	19600	17828	17764
7億円	28083	28750	26080	25710	24066	23830	21932	22006
8億円	32208	33750	30980	30610	27940	28330	26312	26356
9億円	36333	38750	35880	35510	31782	32896	30820	30825
10億円	40458	43750	40780	40410	35596	37520	35416	35398

上記の【前提条件】の場合、配偶者が相続した財産に対して配偶者の税額軽減の適用を受けない場合と適用を受ける場合を比較すると、以下のような結果となりました。

①　配偶者と子が1人のとき、全ての場合において配偶者の税額軽減の適用を受けない場合が有利となります。この場合、第二次相続までの通算相続税額が最も少なくなる割合は、表の網掛けをしている部分になります。

②　配偶者と子が2人のとき、配偶者が相続した額が9億円以上の場合に、配偶者が相続した財産について配偶者の税額軽減の適用を受けることが有利になる場合（表に網掛けをしている部分）もあります。

【39】 小規模宅地等の特例の適用を受けることができる宅地等が複数ある場合の配偶者の税額軽減対策は

父が令和3年4月に死亡しました。相続人は母と長男（両親とは別生計）の2人です。父の相続財産には、居住用不動産と月極駐車場があります。遺産分割協議において、母が居住用不動産を、長男が月極駐車場を相続することになりました。

いずれの土地も、小規模宅地等の特例の適用を受けることができますが、いずれの土地からこの特例の適用を選択することが有利になりますか。

＜父の遺産＞

① 居住用不動産の土地　5000万円（330㎡）

② 月極駐車場の土地　4000万円（200㎡）

③ その他の財産　3億5000万円（母が1億7000万円、長男が1億8000万円相続）

●落とし穴	相談事例の場合、母が相続した居住用不動産の土地は、小規模宅地等の特例の適用に当たっては、「特定居住用宅地等」として、330㎡までの部分について80％の減額を受けることができるので、この土地から小規模宅地等の特例を選択するような場合、相続税の総額は少なくなるが、納付税額は異なる結果となることもある。

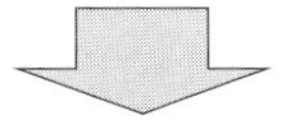

○対応策	相談事例の場合、母が配偶者の税額軽減の適用を受ける場合には、長男が相続した月極駐車場の土地から小規模宅地等の特例を選択すれば、納付税額が少なくなる。

解　説

小規模宅地等の特例（措法69の4）の適用を受けることができる宅地等が複数ある場合、原則として、限度面積調整後の1㎡当たりの評価減の金額が最も大きくなる宅地等を選択すると、課税価格が最も小さく計算され、相続税の総額も少なくなります。

「限度面積」については、特例の適用を選択する宅地等が以下のいずれに該当するかに応じて判定します（措法69の4②）。

特例の適用を選択する宅地等	限度面積
特定事業用等宅地等(A)及び特定居住用宅地等(B) （貸付事業用宅地等がない場合）	(A)≦400㎡ (B)≦330㎡ 両方を選択する場合は、合計730㎡
貸付事業用宅地等(C)及びそれ以外の宅地等（A又はB） （貸付事業用宅地等がある場合）	(A)×200/400＋(B)×200/330＋(C)≦200㎡

(A)：「特定事業用宅地等」、「特定同族会社事業用宅地等」の面積の合計
(B)：「特定居住用宅地等」の面積の合計
(C)：「貸付事業用宅地等」の面積の合計

限度面積調整後の１㎡当たりの評価減の金額を計算してどの宅地等から選択すれば有利になるか**【設例１】**で検証します。

【設例１】

1. 被相続人　父（令和3年4月死亡）
2. 相続人　長男
3. 父の遺産　下記の土地のみ

小規模宅地等の特例の適用を受けることができる宅地等が以下のとおり三つある。

	地　積	相続税評価額	評価減割合	減額対象 限度面積	小規模宅地等の区分
A宅地	180㎡	5400万円	50%	200㎡	貸付事業用宅地等
B宅地	165㎡	1650万円	80%	330㎡	特定居住用宅地等
C宅地	250㎡	3000万円	80%	400㎡	特定事業用宅地等

限度面積調整後の1㎡当たりの評価減の金額は、以下のようになる。

①　A宅地　（5400万円 ÷ 180㎡） × 50% ＝ 15万円
②　B宅地　（1650万円 ÷ 165㎡） × 330㎡ ÷ 200㎡ × 80% ＝ 13万2000円
③　C宅地　（3000万円 ÷ 250㎡） × 400㎡ ÷ 200㎡ × 80% ＝ 19万2000円

4. 小規模宅地等の特例選択

①　B宅地及びC宅地を選択する場合のA宅地の限度面積の計算

200㎡ －（165㎡ × 200㎡ ÷ 330㎡ ＋ 250㎡ × 200㎡ ÷ 400㎡）＜ 0㎡

∴Ｂ宅地及びＣ宅地を小規模宅地等として選択した場合、小規模宅地等の特例の適用を受けることができる限度面積の上限に達することになり、Ａ宅地については小規模宅地等の特例の適用を受けることができない。

② 限度面積調整後の1㎡当たりの評価減の金額が大きい宅地から選択する場合（Ｃ宅地→Ａ宅地）のＡ宅地の限度面積の計算

200㎡ －（250㎡ × 200㎡ ÷ 400㎡）＝ 75㎡

5. 相続税

（単位：万円）

	Ｂ宅地とＣ宅地を選択	Ｃ宅地とＡ宅地を選択
Ａ宅地	5400	（注）4275
Ｂ宅地	330	1650
Ｃ宅地	600	600
課税価格	6330	6525
基礎控除	3600	3600
相続税	359	388

（注）Ａ宅地　5400万円 × 75㎡ ÷ 180㎡ × 50％ ＋ 5400万円 × 105㎡ ÷ 180㎡
＝ 4275万円

しかし、配偶者の税額軽減の影響を受ける場合には、限度面積調整後の1㎡当たりの評価減の金額が最も大きくなる宅地等を選択することが必ずしも有利になるとは限りません。そのことを、相談事例のケース（【設例２】）で確認してみます。

【設例２】

1. 被相続人　父（令和3年4月死亡）
2. 相続人　母・長男（両親とは別生計）
3. 相続財産
   ① Ａ居住用宅地等（父と母が居住）
   330㎡・5000万円（小規模宅地等の特例適用前）
   ② Ｂ駐車場　200㎡・4000万円（小規模宅地等の特例適用前）
   ③ その他の財産　3億5000万円

4.　遺産分割

小規模宅地等の特例適用前で法定相続分の割合によって遺産分割を行った。

①　母　A居住用宅地等とその他の財産1億7000万円

②　長男　B駐車場とその他の財産1億8000万円

5.　小規模宅地等の特例選択

(1)　母が相続したA居住用宅地等を選択する。

(2)　長男が相続したB駐車場を選択する。

6.　相続税額等の計算

（単位：万円）

	A居住用宅地等から特例選択する(1)		B駐車場から特例選択する(2)	
	母	長男	母	長男
A居住用宅地等	5000	－	5000	－
B駐車場	－	4000	－	4000
小規模宅地等の特例	△4000	－	－	△2000
その他の財産	17000	18000	17000	18000
課税価格	18000	22000	22000	20000
基礎控除額	4200		4200	
課税遺産総額	35800		37800	
相続税の総額	10920		11720	
算出税額	4914	6006	6139	5581
配偶者の税額軽減	△4914	－	△5860	－
納付相続税額	0	6006	279	5581
合計税額	6006		5860	

上記の【設例２】の場合、小規模宅地等の特例選択においては、A居住用宅地等から選択した方が4000万円減額され、相続税の総額の計算においては有利となります。

しかし、母が相続したA居住用宅地等から小規模宅地等の特例を選択した場合には、小規模宅地等の特例による軽減額は、配偶者の税額軽減の計算において吸収されることとなることから、納付税額の計算結果は逆に、長男が相続したB駐車場から小規模宅地等の特例の選択をした方が有利となります。

【40】 農地等についての相続税の納税猶予の選択と、配偶者の税額軽減対策は

農業を営んでいた父が令和3年4月に死亡しました。相続人は、母と長男及び長女の3人で、母と長男は父と一緒に農業に従事していました。

農地を母と長男が相続し、農地等についての相続税の納税猶予を受けることを検討しています。しかし、母は高齢なので、農地等についての相続税の納税猶予を受けても終身農業に従事することが困難と思われますので、母が相続する農地等については、農地等についての相続税の納税猶予は選択しないこととしようと考えています。

相続税の課税上の有利不利は生じないと思いますが、いかがでしょうか。

＜父の相続財産と遺産分割＞

① Ａ農地　1億5000万円（通常の評価額）（農業投資価格250万円）（母が相続）

② Ｂ農地　1億円（通常の評価額）（農業投資価格150万円）（長男が相続）

③ その他の財産　2億5000万円（母1億5000万円、長男及び長女がそれぞれ5000万円相続）

●落とし穴	相談事例の場合、母が農地等についての相続税の納税猶予を受けて一定の要件を満たす場合には、配偶者の税額軽減額の計算において、軽減額が農地等についての相続税の納税猶予を受けない場合と比較して多く算出され、母が農地等についての相続税の納税猶予を選択することが有利となることもある。

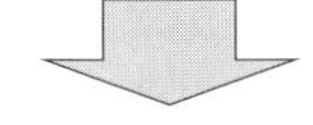

○対応策	母が農地等についての相続税の納税猶予を受けて、相続税の申告期限まで農業経営を行い、その後において農業経営を廃業した場合、農地等納税猶予税額に一定の利子税を合わせて納付しなければならない。 この場合において、配偶者の税額軽減額の計算まで遡及し

	て見直されることがないため、当初から母が農地等についての相続税の納税猶予を受けなかった場合と比較して納付税額が少なく算出されることがある。 相談事例の場合、母が相続税の申告期限まで農業経営を続けることができるのであれば、農地等についての相続税の納税猶予を受けることが有利となる。

解　説

農業を営んでいた被相続人又は特定貸付けを行っていた被相続人から一定の相続人が一定の農地等を相続や遺贈によって取得し、農業を営む場合又は特定貸付けを行う場合には、一定の要件の下にその取得した農地等の価額のうち農業投資価格による価額を超える部分に対応する相続税額は、その取得した農地等について相続人が農業の継続又は特定貸付けを行っている場合に限り、その納税が猶予されます（猶予される相続税額を「農地等納税猶予税額」といいます。）（措法70の6・70の6の2）。

この農地等納税猶予税額は、特例の適用を受けた農業相続人が死亡した場合など一定の要件に該当するときに免除されます（措法70の6㊴）。

相談事例の場合に、配偶者が農地等についての相続税の納税猶予の適用を受けない場合、配偶者の税額軽減額の計算においては、特例農地等の価額を農業投資価格によって計算した課税価格（特例課税価格）の合計額によることとされ、また、相続税の総額についても、特例農地等の価額を農業投資価格によって計算した相続税の総額（特例相続税の総額）によることとなります（措令40の7⑫一、措通70の6－36）。特例農地等とは、農地及び採草放牧地などで、農業相続人がその農業の用に供するもののうち、農地等についての相続税の納税猶予の適用を受けようとするものに限るとされています（措法70の6①）。

一方、配偶者が農業相続人である場合に、農地等についての相続税の納税猶予の適用を受けるときは、配偶者の税額軽減額の計算は、一定の要件を満たす場合には、農地等を通常の評価額によって計算した課税価格の合計額によって計算される（相法19の2①）ことから、配偶者の税額軽減額が大きく算定されます。

しかし、特例農地等に係る農業経営を廃止した場合などにおいては、その農地等納税猶予税額の全部を納付しなければなりません（措法70の6）が、配偶者の税額軽減額についてまで計算の見直しは行われません。

そのことを以下の【設例１】で検証します。

【設例１】

1．被相続人　父（令和3年4月死亡）

2．相続人　母（農業従事者）・長男（農業従事者）・長女

3．相続財産　農地等（通常の評価額）2億5000万円、その他の財産2億5000万円

4．農地等についての相続税の納税猶予の選択

(1)　農地等についての相続税の納税猶予を選択しない場合

（単位：万円）

	区　分	合　計	母	長　男	長　女
相続財産	農地等	25000	15000	10000	−
	その他の財産	25000	15000	5000	5000
	課税価格	50000	30000	15000	5000
相続税	期限内分	13110	7866	3933	1311
	納税猶予分	−	−	−	−
	相続税合計	13110	7866	3933	1311
税額控除	配偶者の税額軽減	△6555	△6555	−	−
	農地等の納税猶予税額	−	−	−	−
	納付税額	6555	1311	3933	1311

(2)　母が農地等についての相続税の納税猶予の適用を受けるか否かによる相続税負担の差異の検証

＜ケース1＞　母及び長男が農地等についての相続税の納税猶予を選択する場合

（単位：万円）

	区　分	合　計	母	長　男	長　女
相続財産	農地等	400	（注）250	（注）150	−
	その他の財産	25000	15000	5000	5000
	課税価格	25400	15250	5150	5000
相続税	期限内分	4110	2468	833	809
	納税猶予分	9000	5396	3604	−
	相続税合計	13110	7864	4437	809

税額控除	配偶者の税額軽減	△6555	△6555	−	−
	農地等の納税猶予税額	△4913	△1309	△3604	−
納付税額		1642	0	833	809

(注)農業投資価格

＜ケース2＞　長男だけが農地等についての相続税の納税猶予を選択する場合

（単位：万円）

	区　分	合　計	母	長　男	長　女
相続財産	農地等	15150	15000	（注）150	−
	その他の財産	25000	15000	5000	5000
	課税価格	40150	30000	5150	5000
相続税	期限内分	9272	6928	1189	1155
	納税猶予分	3838	−	3838	−
	相続税合計	13110	6928	5027	1155
税額控除	配偶者の税額軽減	△4636	△4636	−	−
	農地等の納税猶予税額	△3838	−	△3838	−
納付税額		4636	2292	1189	1155

(注)農業投資価格

配偶者が財産を多く相続することで第二次相続の相続税負担が重くなる可能性が高まりますが、配偶者の相続発生までの期間が長く財産を費消する見込みがある場合や、相続税対策を講じて第二次相続に係る相続税の軽減を図ることができると思われる場合には、配偶者が農地等についての相続税の納税猶予の選択をし、第一次相続の納税額を抑えることを検討する価値はあると思います。

上記の【設例1】によれば、配偶者が農地等についての相続税の納税猶予を受け、その1年後に農業経営を廃止することとなった場合には、猶予税額1309万円に1年間の利子税約10万円を合わせて納付しなければなりません。しかし、最初から、子のみが農地等についての相続税の納税猶予を受けた場合の納付税額と比較すると、

4636万円 −（1642万円 ＋ 1309万円 ＋ 利子税10万円）＝ 1675万円

となり、納付する相続税は少なくなります。

留意点としては、配偶者について農地等についての相続税の納税猶予が適用されるのは、次に掲げるいずれかの場合に限られます（措通70の6－37）。

① 配偶者が農業相続人であるものとして計算すれば納付すべき相続税額が算出される場合で、かつ、農業相続人以外の者であるものとして計算すれば納付すべき相続税額が算出される場合

② 配偶者が農業相続人であるものとして計算すれば納付すべき相続税額が算出されない場合で、かつ、農業相続人以外の者であるものとして計算すれば納付すべき相続税額が算出される場合

③ 配偶者が農業相続人であるものとして計算すれば納付すべき相続税額が算出される場合で、かつ、農業相続人以外の者であるものとして計算すれば納付すべき相続税額が算出されない場合

そこで、上記の【設例１】の場合で、配偶者について農地等についての相続税の納税猶予が適用されるか否かについて確認してみます。

【設例２】

1．各相続人が取得した財産とその価格

（単位：万円）

相続人	相続財産	通常評価による課税価格	農業投資価格による課税価格	
			配偶者が農業相続人	配偶者が農業相続人以外
母	農地等	15000	（注）250	15000
	その他の財産	15000	15000	15000
	計	30000	15250	30000
長男（農業相続人）	農地等	10000	（注）150	（注）150
	その他の財産	5000	5000	5000
	計	15000	5150	5150
長女	その他の財産	5000	5000	5000
合　計		50000	25400	40150

(注)農業投資価格

2.　母及び長男が農地等についての相続税の納税猶予を選択する場合

(1)　相続税の総額

①　通常評価による総額　　1億3110万円

②　農業投資価格による総額　4110万円

(2)　計　算

①　配偶者の算出相続税額

㋐　期限内納付分

農業投資価格による課税価格及びそれによる相続税の総額を基として計算

4110万円 ×（1億5250万円 ÷ 2億5400万円）≒ 2468万円

㋑　納税猶予分

$$（1億3110万円 - 4110万円）\times \frac{（1億5000万円 - 250万円）}{（1億5000万円 - 250万円）+（1億円 - 150万円）} \fallingdotseq 5396万円$$

㋒　㋐の金額と㋑の金額との合計額

2468万円 ＋ 5396万円 ＝ 7864万円

②　配偶者の税額軽減

1億3110万円 ×（2億5000万円（注）÷ 5億円）＝ 6555万円

(注)法定相続分又は1億6000万円のいずれか多い金額

③　配偶者の納付すべき相続税額

7864万円 － 6555万円 ＝ 1309万円

3.　長男だけが農地等についての相続税の納税猶予を選択する場合

(1)　農業投資価格による相続税の総額　9272万円

(2)　計　算

①　配偶者の算出相続税額

農業投資価格による課税価格及びそれによる相続税の総額を基として計算

9272万円 ×（3億円 ÷ 4億150万円）＝ 6928万円

②　配偶者の税額軽減額

9272万円 ×（2億75万円（注）÷ 4億150万円）＝ 4636万円

(注)法定相続分又は1億6000万円のいずれか多い金額

③　配偶者の納付すべき相続税額

6928万円 － 4636万円 ＝ 2292万円

以上のことから、配偶者が農業相続人であるものとして計算すれば納付すべき相続税額が算出される場合で、かつ、農業相続人以外の者であるものとして計算すれば納付すべき相続税額が算出される場合（上述の留意点の①）に該当し、配偶者について農地等についての相続税の納税猶予の適用を受けることができます。

【41】 配偶者又は代襲相続人が相続の放棄をした場合の生命保険金の非課税規定の適用は

甲は令和3年4月に死亡しました。甲の相続人は、妻、長男及び先に死亡した長女の子乙の3人です。

妻と乙は家庭裁判所で相続の放棄の手続をしたことから、全ての財産1億円は長男が相続することになりました。しかし、妻と乙は、甲の死亡により死亡保険金（甲が保険料の全てを負担）の受取人となっていたため、妻は5000万円を、乙は1000万円を取得しました。

この場合の相続税の課税関係はどのようになるのでしょうか。

●落とし穴	相続の放棄があると最初から相続人でなかったものとされる。死亡保険金については受取人が「相続人」である場合に非課税規定の適用を受けることができるが、相談事例の場合、妻及び乙は相続人ではないため生命保険金の非課税規定の適用を受けることはできない。 さらに、乙は、代襲相続人でもなくなることから、相続税額の2割加算の対象者に該当する。

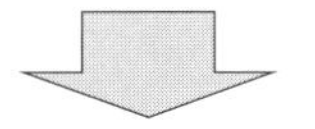

○対応策	安易な相続の放棄は、相続税法上の不利益を受けることになるため、事前に生命保険の加入状況など、税制上の取扱いについて確認しておかなければならない。

解　説

相続、遺贈や相続時精算課税に係る贈与によって財産を取得した人が、被相続人の一親等の血族（代襲相続人となった孫（直系卑属）を含みます。）及び配偶者以外の人である場合には、その人の相続税額にその相続税額の2割に相当する金額が加算されます（相法18）。

そのため、代襲相続人が相続の放棄をした場合、相続人ではなくなることから、生命保険金の非課税規定の適用を受けることができません（相法12①五）。また、代襲相続人が相続の放棄をしたことにより、相続人ではなくなったことから相続税の2割加算の対象にもなります（相法18）。

配偶者が相続の放棄をした場合も、相続人ではないことから生命保険金の非課税規定の適用を受けることはできません。しかし、配偶者に対する相続税額の軽減の規定は、配偶者が相続を放棄した場合であっても配偶者が遺贈により取得した財産があるときは、適用があります（相基通19の2－3）。また、配偶者が相続の放棄をしても相続税額の2割加算の対象とはなりません（相基通18－1）。

以上のことから、相続の放棄については、相続税の負担が増加することに留意して慎重に判断しなければなりません。

＜相談事例における相続税の計算＞

（単位：万円）

	相続の放棄があった場合			相続の放棄がなかった場合		
	妻	長 男	乙	妻	長 男	乙
財 産	－	10000	－	－	10000	－
生命保険金	5000	－	1000	5000	－	1000
同上非課税金額	－	－	－	△1250	－	△250
課税価格	5000	10000	1000	3750	10000	750
相続税の総額	1720			1396		
各人の算出税額	538	1075	107	361	963	72
相続税額の2割加算	－	－	21	－	－	－
配偶者の税額軽減	△538	－	－	△361	－	－
納付税額	**0**	**1075**	**128**	**0**	**963**	**72**

【42】 相続の放棄を検討している場合に行ってはならないことは

個人事業を営んでいた甲は、令和3年4月に死亡しました。甲は明らかに債務超過の状態にあることから、相続人の妻と長男は家庭裁判所で相続の放棄をしようと考えています。

注意すべき点などがあれば教えてください。

●落とし穴	相続の放棄については、相続人は、自己のために相続の開始があったことを知った時から3か月以内に、相続について放棄をしなければならないと定められている（民915①）。 しかし、相続人が被相続人の相続財産の全部又は一部を処分するなどの行為があると、単純承認したものとみなされ、相続の放棄が認められない（民921）。

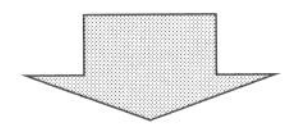

○対応策	以下の行為は、単純承認をしたものとみなされてしまう可能性が高いので、相続の放棄をしようと考えている場合には行ってはいけない。 ①　預貯金の解約・払戻し ②　相続債務の支払・債権の取立て ③　不動産や動産の名義変更 ④　遺産の自社株について、相続人として株主総会で権利を行使する ⑤　準確定申告による所得税の還付請求 ⑥　生命保険金のうち、入院給付金や手術給付金の請求・受領

解　説

相続の放棄があっても、相続人が相続財産の全部又は一部を処分したときは、単純承認をしたものとみなされます（民921一本文）。対応策に掲げるような行為が行われた場合には、単純承認したものとみなされて相続の放棄が無効とされることもありますので、注意が必要です。

ただし、相続人が行った処分行為が全て単純承認とみなされるわけではなく、相続人が相続財産の全部又は一部を処分したときであっても、それが「保存行為」「短期賃貸借（民602）」に当たる場合は法定単純承認の効果を生じさせる「処分行為」には該当せず（民921一ただし書）、また、相続人が行った処分行為が単純承認とみなされるには、相続人が自己のために相続が開始した事実を知りながら相続財産を処分したか、又は、少なくとも相続人が被相続人の死亡した事実を確実に予想しながらあえてその処分をしたことが必要とされています（最判昭42・4・27民集21・3・741）。

なお、ここでいう「保存行為」とは、相続財産の価値を現状維持する行為のことで、遺産による相殺や返済期限が到来した債務の弁済、腐食しやすいものや朽廃したものを処分するのは、財産全体の価値を維持するために行ったものであれば「相続財産の処分」には該当しないと考えられています。

以下では、どのような行為が行われた場合に、相続の放棄が無効とされるかなどに係る主な係争事例を紹介します。

(1)　相続債務の支払

被相続人が亡くなった後に、相続人が相続債務を支払うことが、民法921条1号に定める「相続財産の処分」に当たるのかどうかについては、①死亡保険金は、特段の事情のない限り、被保険者死亡時におけるその相続人であるべき者の固有財産であるから、保険金の請求及び受領は、相続財産の一部の処分に当たらない、②固有財産である死亡保険金をもって行った被相続人の相続債務の一部弁済行為は、相続財産の一部の処分に当たらないと判示した裁判例があります（福岡高宮崎支決平10・12・22家月51・5・49）。

留意点として、死亡保険金を請求する際に、特約による入院給付金や手術給付金などが支払われることがありますが、これらの給付金は被相続人固有の財産となるため受領すると単純承認したものとみなされるおそれがあります。また、被相続人の借金を、明らかに自分の財産を取り崩して支払ったのであれば、単純承認をしたものには当たらず、相続放棄ができると考えられますが、逆に、相続財産から相続債務を支払った場合には、単純承認をしたものとみなされる可能性が高いと思われます。

(2)　形見分け等

形見分けを受ける行為は、原則として、単純承認事由に当たりません。「形見として背広上下、冬オーバー、スプリングコートと位牌を持ち帰り、時計・椅子二脚の送付を受けても信義則上処分行為に該当しない」という判決があります（山口地徳山支判昭40・5・13判タ204・191）。

また、古着は使用に堪えないものではないにしても、もはや交換価値はないものというべきであり、その経済的価値は皆無といえないにしても、いわゆる一般的経済価値があるものの処分とはいえないから、このような処分をもってはいまだ単純承認とみなされるという効果を与えるに足りないと解するのが相当であると判示した裁判例があります（東京高決昭37・7・19東高時報13・7・117）。

一方、「相続人が、被相続人のスーツ、毛皮、コート、靴、絨毯など一定の財産的価値を有する遺品のほとんど全てを自宅に持ち帰る行為は、いわゆる形見分けを超えるものであり、民法921条3号の「隠匿」に該当する」（東京地判平12・3・21判タ1054・255）という判決もあります。

つまり、形見分けといわれる行為は、それほど経済的な価値の高くないものについて行われるのが一般的なので、それを超えるような行為については、形見分けを超える行為として、単純承認をしたものとみなされることがあるということです。

(3)　被相続人の火葬費用などの支払

大阪高裁昭和54年3月22日決定（判時938・51）では、「被相続人が死亡したことを所轄警察署から通知された相続人が、同署の要請により、ほとんど経済的価値のない被相続人の身回り品、僅少な所持金を引き取り、右所持金に自己の所持金を加えて被相続人の火葬費用並びに治療費の支払に充てた行為をもって民法921条1号の「相続財産の一部を処分した」ものということはできない。」と判示しました。

また、「預貯金等の被相続人の財産が残された場合で、相続債務があることが分からないまま、遺族がこれを利用して仏壇や墓石を購入することは自然な行動であり、また、本件において購入した仏壇及び墓石が社会的に見て不相当に高額のものとも断定できない上、それらの購入費用の不足分を遺族が自己負担としていることなどからすると、「相続財産の処分」に当たるとは断定できない」と判示した裁判例があります（大阪高決平14・7・3家月55・1・82）。

(4)　被相続人の有していた債権の取立て

相続人が、被相続人の有していた債権を取り立ててこれを収受する行為は、「相続財産の処分」に当たり、単純承認したものとみなすという判例があります（最判昭37・6・21判タ141・70）。

例えば、被相続人の準確定申告は、所得税法125条において「…その相続人は、その相続の開始があったことを知った日の翌日から4か月以内に…」と規定し、準確定申告を行う行為は自ら相続人であることを対外的に認めているとも考えられます。特に、準確定申告によって被相続人の所得税の還付を受ける行為は、「還付等を受けるための確定申告書を提出することができる」（所法125②）としているので、債権の取立てに該当すると考えられます。

(5)　被相続人の有していた建物賃借権の相続

「相続人が被相続人の有していた建物賃借権を自ら相続したとして賃貸人に対し賃借権が相続人に属することの確認を求める訴訟を提起しこれを追行した等の事実関係があるときは、民法921条1号にいう「処分」に当たり単純承認をしたものとみなされる」（東京高判平元・3・27高民42・1・74）とする判決があります。

(6)　不動産の所有権移転登記の申請行為等

被相続人名義の不動産の所有権移転登記（生前に贈与された不動産を被相続人の死亡後において贈与を原因とする所有権移転登記）の申請行為が、被相続人が行った生前処分の履行として、相続財産の「処分」に該当し、法定単純承認となるので、相続放棄は無効であるとした判決があります（東京地判平26・3・25（平25（ワ）30347））。

また、被相続人所有の不動産について、入居者の転貸料の振込先の口座名義を相続人に変更するとともに被相続人への賃料の支払名義を相続人に変更したことが相続財産の処分に該当するとする判決（東京地判平10・4・24判タ987・233）もあります。

(7)　株式の議決権行使

相続人が被相続人経営の会社の取締役選任手続において被相続人保有の株主権を行使したことなどが相続財産の処分に該当するとして法定単純承認があった（東京地判平10・4・24判タ987・233）ものとする判決があります。

例えば、代表取締役を被保険者とする法人契約の生命保険がある場合、まず相続人等へ代表者変更を行い、変更登記を行ったのちに保険金請求をすることになります。この場合に、定款上で代表取締役の選出が株主総会決議事項となっていれば、株主総会を開いて決める必要があります。未分割の株式の議決権の行使については、権利を行使する者を1人定め、その氏名をその会社に通知することが必要とされています（会社106）。そのため、準共有状態になっている株式の議決権の行使は、相続人全員で行うことになるため、株主として株主の権利を行使して代表者を選出する行為は、単純承認をしたものとみなされます。

この場合の対応策としては、①代表取締役の選出方法について定款を変更し、株主総会決議ではなく取締役会によることとしておく、②取締役の就任については、事前に相続人等を取締役に就任させておく、③死亡退職金は支給する旨の決議だけ株主総会で決定し、その金額及び時期などについては取締役会で決議する、などの方法が考えられます。

【43】 相続の放棄をしたことによって、債務控除などの適用を受けることができなくなる場合

父が令和3年4月に死亡しました。相続人は私と妹の2人です。私は、父から生前に相続時精算課税贈与によって5000万円の贈与を受けていて、父が契約者・被保険者となっていた生命保険金2000万円も受け取りました。

そこで、私は相続の放棄をし、かつ、父の負債（銀行借入金）1000万円を私が負担することとし、残余の全ての財産は妹が相続することに同意しました。

相続税の課税上の取扱いで不利益を受けることはありませんか。

●落とし穴	債務控除の規定が適用される人は相続人及び包括受遺者に限定されていることから、相続の放棄をした者は相続人には含まれないため、遺贈を受けた財産がある場合に被相続人の債務を負担しても控除することはできない。また、生命保険金の非課税規定の適用も相続人が受け取った場合に限定されているため、非課税規定の適用もない。

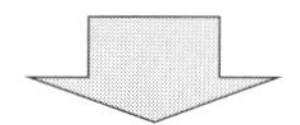

○対応策	相続の放棄があると相続人ではなくなるため、相続税において不利益な取扱いを受けることがある。そのため、安易に相続の放棄をしないよう相続税法の規定に注意を払うことが必要である。

解　　説

相続の放棄がある場合に、相続税法上不利益となる規定には以下のようなものがあります。

① 代襲相続人となった被相続人の孫は、一親等の血族に含まれるため、相続税額の2割加算の対象とはなりません（相法18①）が、その孫が相続の放棄をすると「相続人」ではないため2割加算の対象者となります。

② 生命保険金及び退職手当金は、相続人が受け取った場合には、非課税規定の適用

を受けることができますが、相続の放棄があった場合には、相続人ではないため、非課税規定の適用を受けることはできません（相法12①五・六）。

③　相次相続控除は、相続人が相続により財産を取得した場合に適用されることから、相続の放棄があった場合には、相続人ではないため、この規定の適用を受けることはできません（相法20）。

④　相続を放棄し相続人ではない者については、債務控除の適用を受けることはできません（相法13）。

しかし、相続の放棄をした者でも、葬式費用を負担した場合においては、その負担額は、その者の遺贈によって取得した財産の価額から債務控除することができます（相基通13－1）。

【44】 死亡退職金の支給額によって、相続税が重くなっても同族法人の法人税が軽減される場合

Ａ社の創業者である父が令和3年4月に死亡しました。相続人は、母、長男（Ａ社後継者）及び長女の3人です。Ａ社は父と長男が大半の株式を保有し、毎年2000万円ほどの申告所得があります。また、Ａ社の退職金規定によると、父の死亡退職金は長男に支給することとされていて、法人税法上の適正額（損金算入限度額）は5000万円です。しかし、相続税の非課税限度額以上の死亡退職金を支給すると、相続税が重くなるので非課税限度額以内の1500万円としたいと思います。

なお、父の遺産の総額は4億円（死亡退職金を除きます。）で、母と長男がそれぞれ1億5000万円を、長女が1億円を相続することとしました。

この場合、死亡退職金はいくら支給することが最も有利となりますか。

●落とし穴	死亡退職金の税務上の適正額以下の支給であれば、法人税法上の課税問題は生じない。また、相続税においても非課税限度額以下の支給であれば相続税も課されない。 しかし、相続税だけでなく、Ａ社の法人税の軽減も考慮する必要がある。

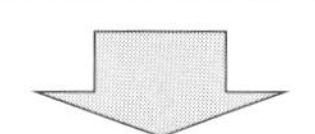

○対応策	相談事例の場合、1500万円の支給の判断は、相続税の課税関係だけに目を奪われて、法人税の軽減効果を検証しなかったための誤りと考えられる。Ａ社は家族が支配する会社であることから、相続税と法人税の両税について最も軽減される方法を検討しなければならない。 相続税だけでなく、Ａ社の法人税の軽減も考慮すると5000万円を支給し、配偶者へ代償金を支払うなどの工夫によって配偶者の税額軽減をフルに活用することが有利であると判定される。

解　説

相談事例の場合、死亡退職金を長男へ5000万円支給する場合には、代償金3500万円を長男から母へ交付すれば、配偶者の税額軽減を十分に活用し、第一次相続の相続税を軽減することができます。また、Ａ社の法人税が軽減されます。

一方、副作用として第二次相続の相続税が重くなります。そのため、母の相続税の軽減対策が必要となります。

＜相談事例の場合の相続税の計算＞

（単位：万円）

	死亡退職金1500万円の場合			死亡退職金5000万円の場合		
	母	長　男	長　女	母	長　男	長　女
相続財産	15000	15000	10000	15000	15000	10000
死亡退職金	－	1500	－	－	5000	－
同上非課税金額	－	△1500	－	－	△1500	－
代償金	－	－	－	3500	△3500	
課税価格	15000	15000	10000	18500	15000	10000
相続税の総額	9220			10444		
各人の算出税額	3458	3457	2305	4442	3601	2401
配偶者の税額軽減	△3458	－	－	△4442	－	－
納付税額	0	3457	2305	0	3601	2401
合計税額	5762			6002		

死亡退職金を5000万円支給する場合の影響については、以下のようなものがあります。

①　第一次相続（父）の相続税が重くなる（6002万円－5762万円＝240万円）。

②　Ａ社の株価が低く評価される可能性がある（純資産価額の評価額が下がる。）。

③　Ａ社の法人税の軽減が期待される（3500万円×33.58％（年所得金額800万円超の実効税率）≒1175万円）

④　第二次相続（母）の相続税が重くなる。

＜資本金の額が1億円以下の普通法人に対する税率＞
（令和2年10月1日以後開始事業年度以降）

課税所得	法人税 地方法人税 （法人税×10.3%）	住民税（注1）		事業税 特別法人事業税 （注2）	表面税率	実効税率
		都道府県民税 （法人税×1%）	市町村民税 （法人税×6%）			
年400万円以下	15.0% 1.545%	0.15%	0.90%	3.5% 1.295%	22.39%	21.37%
年400万円超 年800万円以下	15.0% 1.545%	0.15%	0.90%	5.3% 1.961%	24.856%	23.17%
年800万円超	23.2% 2.390%	0.23%	1.39%	7.0% 2.590%	36.80%	33.58% （注3）

（注1）地方税率は都道府県、市町村によって若干異なります（標準税率を表示しています。）。
（注2）資本金1億円以下の外形標準課税不適用法人で、特別法人事業税は事業税の税率×37%としています。
（注3）実効税率の計算例

$$\frac{23.2\% + (2.39\% + 0.23\% + 1.39\%) + (7.0\% + 2.59\%)}{1 + (7.0\% + 2.59\%)} \fallingdotseq 33.58\%$$

第 5 章

相続税の申告に関する落とし穴

【45】 贈与税の申告書を提出していても、贈与があったと認められない場合

甲は、令和2年1月に死亡しました。令和2年11月に甲の相続税の申告においてＡ社株式を相続財産として申告していましたが、Ａ社株式は平成25年に甲の妻へ生前贈与したとする贈与税の申告書が見つかりました。甲の妻はＡ社株式の贈与については何ら聞かされていませんでしたが、贈与税の申告が妻名義によって行われていることから、相続税の更正の請求によって相続税の還付を受けることができますか。

●落とし穴	贈与税の申告だけをもって贈与の事実の証明にはならないため、相談事例の場合、妻へＡ社株式の贈与が行われたとする事実の立証ができないと相続税の更正の請求は認められない。

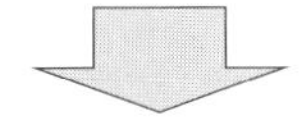

○対応策	Ａ社株式の生前贈与を受ける場合には、贈与契約書を作成しておく、贈与税の申告と納税をしておく、譲渡制限会社である場合には譲渡承認に関する手続を踏んでおく、株主総会において権利行使をしておくなど受贈者の財産であることを証明できるようにしておかなければならない。

解　説

贈与とは、民法549条で、「贈与は、当事者の一方がある財産を無償で相手方に与える意思を表示し、相手方が受諾をすることによって、その効力を生ずる」とし、諾成契約とされています。

相談事例の場合には、妻はＡ社株式の贈与について、受諾の意思表示をしていないことから、贈与契約は成立していないので贈与があったものと認められません。

Ａ社株式の贈与があったことを証明するためには、贈与契約書の作成が欠かせません。また、贈与税の申告と納税が必要な場合には、それらの手続も必要です。多くの

中小企業の定款には、「株式の譲渡制限」を設けています。その場合、贈与する際には、譲渡承認の申請をして、譲渡承認機関の承認があった旨の通知書を受け取って贈与を実行するなどの手続も必要です。さらに、株主総会においてその受贈者が株主としての権利（議決権の行使など）の行使をするなどによって、受贈者の財産であることを認識しているとする事実も残しておくようにします。それらの証拠などから贈与があったものと主張すれば税務署も贈与を認めざるを得ないと思います。

相談事例のように、相続税の申告において相続財産としていた株式は、被相続人から贈与により取得したもので贈与税の申告を行っていたものとして、請求人が更正の請求をしたのに対して、原処分庁が、当該株式の贈与の事実は認められず、更正処分をすべき理由がない旨の通知処分をしたことから、争いになった裁決例があります（下記【参考裁決例】参照）。

審判所の裁決（平19・6・26裁決（名裁（諸）平18－74））では、贈与事実の存否の判断に当たって、贈与税の申告及び納税の事実は、贈与事実を認定する上での一つの証拠とは認められるものの、それをもって直ちに贈与事実を認定することはできないと解すべきであるとしています。

【参考裁決例】平19・6・26裁決（名裁（諸）平18－74）

（要　旨）

納税義務は各税法で定める課税要件を充足したときに、抽象的にかつ客観的に成立するとされ、贈与税の場合は、贈与による財産の取得の時に納税義務が成立するとされるが、この抽象的に成立した贈与税の納税義務は、納税者のする申告により納付すべき税額が確定（申告納税方式）し、具体的な債務となる。

このような申告事実と課税要件事実との関係については、「納税義務を負担するとして納税申告をしたならば、実体上の課税要件の充足を必要的前提要件とすることなく、その申告行為に租税債権関係に関する形成的効力が与えられ、税額の確定された具体的納税義務が成立するものと解せられる」（高松高裁：昭和58年3月9日判決）と示されていることからすると、贈与税の申告は、贈与税額を具体的に確定させる効力は有するものの、それをもって必ずしも申告の前提となる課税要件の充足（贈与事実の存否）までも明らかにするものではないと解するのが相当である。

そうすると、贈与事実の存否の判断に当たって、贈与税の申告及び納税の事実は贈与事実を認定する上での一つの証拠とは認められるものの、贈与事実の存否は、飽くまでも具体的な事実関係を総合勘案して判断すべきと解するのが相当である。

【46】　相続時精算課税と住宅取得等資金の贈与に関する留意点は

父が令和3年4月に死亡しました。私は平成20年に父から相続時精算課税の特例によって3500万円（内訳：相続時精算課税の特別控除額2500万円・住宅資金の贈与1000万円）の贈与を受け住宅を取得しています。

住宅資金の贈与金額については、非課税贈与に当たり、父の相続財産には相続時精算課税の特別控除額2500万円だけを加算して相続税の申告をすればよいでしょうか。

●落とし穴	平成21年1月1日から「直系尊属から住宅取得等資金の贈与を受けた場合の贈与税の非課税措置」が創設された。この住宅取得等資金の贈与については、非課税贈与とされている。 しかし、平成15年～21年の住宅取得等資金の贈与で、相続時精算課税の上乗せ制度（住宅資金特別控除）による贈与（1000万円）は非課税贈与に当たらない。 そのため、住宅資金特別控除による贈与も相続時精算課税贈与に該当することから全額が相続財産に加算される。

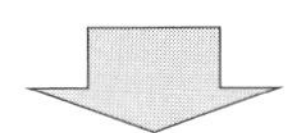

○対応策	贈与税の申告書だけで判定すると判断を誤ることがある。そのため、贈与税の申告内容の開示請求（相法49）も併せて確認しておけば誤りが防止できる。

解　説

平成15年に相続時精算課税制度が創設されました。この制度は、生前贈与については、受贈者の選択により、暦年贈与制度に代えて、贈与時に贈与財産に対する贈与税を支払い、その後の相続時にその贈与財産と相続財産とを合計した価額を基に計算した相続税額から、既に支払ったその贈与税を控除することにより贈与税・相続税を通じた納税をすることができることとする制度です（相法21の9）。

相続時精算課税制度創設時に、自己の居住の用に供する一定の家屋を取得等する資金の贈与を受ける場合に限り、65歳未満の親からの贈与についても適用する（措法70の3）こととするほか、これらの資金の贈与については2500万円の特別控除額に、住宅資金特別控除額1000万円を上乗せし、3500万円とする制度も創設されました（旧措法70の3の2）が、この住宅資金特別控除制度は、平成21年12月31日をもって廃止されました。

一方、直系尊属から住宅取得等資金の贈与を受けた場合の贈与税の非課税措置（平成21年中の贈与は500万円まで非課税）が平成21年から創設され、住宅資金特別控除制度の廃止に対応して、非課税限度額を1500万円としました。その後、この住宅取得等資金の贈与税の非課税措置は適宜改正され現在に至っています（措法70の2）。

相談事例の場合は、平成20年の相続時精算課税の上乗せ制度による贈与で、非課税贈与に当たらないことから、贈与を受けた1000万円が相続財産に加算される（相基通21の15－1（注））ことになります。

なお、贈与税の開示請求制度は、平成15年に創設され、相続税の申告や更正の請求をしようとする者が、他の相続人等が被相続人から受けた①相続開始前3年以内の贈与、又は②相続時精算課税制度適用分の贈与に係る贈与税の課税価格の合計額について開示を請求する場合の手続です（相法49）。

この開示請求による回答書と、贈与税の申告書との内容が一致しているか否かについて検証しておけば誤りを防止することに役立ちます。

【47】 相続時精算課税に係る贈与税相当額の還付金を受けることができなくなる場合

私は、平成27年12月に亡くなった母から、生前に4000万円の贈与を受け相続時精算課税によって贈与税の申告と納付（300万円）をしていました。母の遺産は500万円しかなく、相続人は私と弟及び妹の3人です。母の遺産に相続時精算課税による贈与財産を加算しても相続税の基礎控除額（4800万円）以下であったことから、相続税の申告をしていません。

しかし令和3年4月になって、相続税の還付申告をすると相続時精算課税贈与に対する贈与税が還付されると聞きました。相続税の申告期限の最終日（令和3年10月）まで半年ありますので、今からでも相続税の申告をして控除されなかった贈与税の還付を受けることができますか。

●落とし穴	相談事例の場合、相続税の申告期限の最終日は、令和3年10月なので、法定申告期限から5年以内に該当しているが、相続時精算課税に係る贈与税相当額の還付金請求権は、相続開始の日の翌日から起算して5年を経過した時点で時効消滅するので、今から相続税の申告書を提出しても控除されなかった贈与税相当額の還付を受けることはできない。

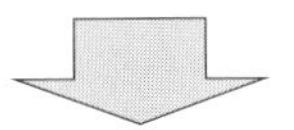

○対応策	還付を受けるためには、相続開始の日の翌日から5年以内に相続税の申告書を提出しなければならなかった。

解　説

相続時精算課税に係る贈与税相当額の還付金請求権は、国税通則法74条1項所定の「還付金等に係る国に対する請求権」に該当し、その請求権は、「その請求をすることができる日から5年間行使しないことによって、時効により消滅する。」と規定されています。

そして、「その請求をすることができる」とは、法律上、権利行使の障害がなく、権利の性質上、その権利行使が現実に期待のできるものであることを要すると解するのが相当である（最判昭45・7・15民集24・7・771、最判平8・3・5民集50・3・383）とされています。

相続時精算課税に係る贈与税相当額の還付金請求権は、相続税還付申告書を提出することによって請求をすることができますが、相続税法上、相続税の還付金請求権について申告期限の定めはありません。しかし、相続の開始時に相続税の納税義務が発生する（通則法15②四）一方で、相続時精算課税に係る贈与税の還付金請求権がある場合には、その額の算定も可能となるから、「その請求をすることができる日」は、相続開始の日と解され（東京地判令2・3・10（令元（行ウ）385））、相続開始の日の翌日から起算して5年を経過する日までに行使しないことによって時効により消滅することとなります。

【48】 被相続人の準確定申告において、還付申告になるため申告期限は4か月以内とする規定の適用は

父が令和3年3月12日に死亡しました。父は不動産賃貸業を事業的規模で営んでいたことから、青色申告を選択し、毎年青色申告特別控除として65万円の控除を受けていました。

父の準確定申告で不動産所得を計算（青色申告特別控除額65万円適用）した結果、源泉徴収税額があることから納付税額が算出されないことが分かりました。

この場合、還付等を受けるための確定申告書は提出することができると所得税法で規定していますので、準確定申告書の提出期限に遅れてもなんら支障は生じないと思いますが、いかがでしょうか。

●落とし穴	所得税法125条2項では、還付等を受けるための確定申告書を提出することができる場合に該当するときは、その相続人は、一定の事項を記載した申告書を提出することができるとしていて、申告書の提出期限については定められていない。 しかし、相談事例の場合、青色申告特別控除額65万円の適用を受けるためには、法定申告期限内の申告であることが要件となっている。 そのため、青色申告特別控除額65万円を適用することで確定申告義務が生じないとされる事例では、準確定申告書を相続の開始があったことを知った日の翌日から4か月以内に提出しなければ、青色申告特別控除額は10万円で計算し、所得税を求めることになる。

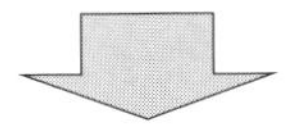

○対応策	父の不動産所得の計算において、青色申告特別控除額を10万円として計算した不動産所得を基に、所得税の金額を計算しても所得税法120条に規定する確定申告義務がない場合に限って申告期限の定めがないことになる。

	そのため、期限内申告要件については慎重に判定しなければならない。

解　説

不動産所得又は事業所得を生ずべき事業を営んでいた被相続人が青色申告者で一定の要件を満たす場合で、青色申告特別控除（65万円：電子申告などの要件を満たす場合）を受けているときには、法定申告期限内（相続の開始があったことを知った日の翌日から4か月以内）に準確定申告を行うことが要件とされています（措法25の2③④⑥）。そのため、法定申告期限後の申告においては、青色申告特別控除額は10万円しか控除することはできません（措法25の2①）。

準確定申告における法定申告期限とは、所得税法124条及び125条において、以下のように規定されています。

①　所得税法124条（確定申告書を提出すべき者等が死亡した場合の確定申告）

確定申告書を提出すべき居住者がその年の翌年1月1日から当該申告書の提出期限までの間に当該申告書を提出しないで死亡した場合には、その相続人は、その相続の開始があったことを知った日の翌日から4か月以内に、当該申告書を提出しなければならないとされています。

②　所得税法125条（年の中途において死亡した場合）

1項では、確定申告書を提出しなければならない場合に該当するときは、その相続人は、その相続の開始があったことを知った日の翌日から4か月以内に一定の事項を記載した申告書を提出しなければならないとしています。

2項では、還付等を受けるための確定申告書を提出することができる場合に該当するときは、その相続人は、一定の事項を記載した申告書を提出することができるとしています。

3項では、確定損失申告書を提出することができる場合に該当するときは、その相続人は、その相続の開始があったことを知った日の翌日から4か月以内に、一定の事項を記載した申告書を提出することができるとしています。

確定申告義務については、所得税法120条で、総所得金額等から所得控除額を控除して計算した場合の所得税の額の合計額が配当控除の額を超えるときは、確定申告をしなければならないと規定しています。そのため、源泉徴収税額や予定納税額がある場合に、還付等を受ける確定申告書を提出することができる（所法122）ときでも、青色申告特別控除額65万円の適用を受けるためには、その相続の開始があったことを知った日の翌日から4か月以内に、確定申告が必要とされます。

しかし、10万円の青色申告特別控除を適用して課税総所得金額に係る所得税額を求めた場合に、所得税額が0円又は還付になるときは、法定申告期限の定めはありません。

＜被相続人の所得税の確定申告に係る法定申告期限＞

納税区分／死亡年月日	確定申告書を提出すべき場合（確定損失申告書を提出する場合を含む）	令和2年分及び令和3年分の確定申告義務がない場合（10万円の青色申告特別控除で計算）
	法定申告期限	法定申告期限
令和3年3月12日（令和2年分所得税の確定申告書未提出）	令和2年分及び令和3年分（1月1日～3月12日）…令和3年7月12日	令和2年分及び令和3年分…定めなし（準確定申告書の提出日）

※令和3年度税制改正によって、総所得金額等から所得控除額を控除して計算した場合の所得税の額の合計額が配当控除の額を超える場合でも、控除しきれなかった源泉徴収税額や予定納税額があるときは、確定申告義務はないこととされました。なお、この改正は、令和4年1月1日以後に確定申告書の提出期限が到来する所得税について適用されます（令3法11による改正後の所法120①、令3法11附則7）。

【49】 未分割で申告し、分割協議が調ったため修正申告書を提出する場合における、小規模宅地等の特例選択の留意点は

相続税の申告期限までに遺産分割協議が調わなかったので、「申告期限後3年以内の分割見込書」を提出して未分割で相続税の申告書を提出しました。

その後、遺産分割協議が調って相続財産の大半を長男が相続することになりました。この場合、長男が修正申告する場合の留意点はありますか。

●落とし穴	修正申告書の小規模宅地等の特例の付表（第11・11の2表の付表1）には、「特例の適用にあたっての同意」の記載欄がない。 これは、期限内申告で特例選択があった場合には、特例対象宅地等を相続した者の同意は既に受けていることから改めて同意の必要がないためである。 未分割による申告の場合には、小規模宅地等の特例の選択について、特例対象宅地等を相続した全員の選択同意が必要とされている。

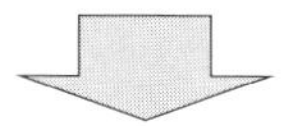

○対応策	未分割で申告し、その後、分割協議が調ったことにより修正申告書（又は更正の請求）を提出する場合には、小規模宅地等の特例の選択について、相続人の選択同意書を提出することが必要となる。 相続人の選択同意書は、実務的には、同意をした相続人の氏名を記載した相続税申告書（第11・11の2表の付表1）を添付することで同意があったこととされている。

解　説

当初の申告時には、その分割の行われていない財産について、これらの特例の適用を受けることはできません。しかし、特例対象宅地等の全てが未分割である場合に、

相続税の申告書に「申告期限後3年以内の分割見込書」を添付して提出しておき、相続税の申告期限から3年以内に分割されたときには、小規模宅地等の特例の適用を受けることができます（措法69の4④）。

その場合、同一の被相続人から相続等により特例対象宅地を取得した者がある場合において、当該取得した全ての者の当該選択についての同意を証する書類を相続税の申告書に添付しなければならないと規定されている（措令40の2③）ので、相談事例の場合には、修正申告書を提出するときは、「特例の適用にあたっての同意」の記載欄がある相続税申告書（第11・11の2表の付表1）の添付が必要です。

なお、当初の申告において、遺産分割協議などが調い小規模宅地等の特例の選択をして申告を行っている場合の修正申告書においては、改めて同意書の添付は必要ありません。

【参考書式】「特例の適用にあたっての同意」の記載欄がある第11・11の2表の付表1

■ 小規模宅地等についての課税価格の計算明細書　　FD3549 ■

第11・11の2表の付表1（令和2年4月分以降

○この申告書は機械で読み取りますので、黒ボールペンで記入してください。

被相続人	

この表は、小規模宅地等の特例（租税特別措置法第69条の4第1項）の適用を受ける場合に記入します。
なお、被相続人から、相続、遺贈又は相続時精算課税に係る贈与により取得した財産のうちに、「特定計画山林の特例」の対象となり得る財産又は「個人の事業用資産についての相続税の納税猶予及び免除」の対象となり得る宅地等その他一定の財産がある場合には、第11・11の2表の付表2を、「特定事業用資産の特例」の対象となり得る財産がある場合には、第11・11の2表の付表2の2を作成します（第11・11の2表の付表2又は付表2の2を作成する場合には、この表の「1 **特例の適用にあたっての同意**」欄の記入を要しません。）。
（注）この表の1又は2の各欄に記入しきれない場合には、第11・11の2表の付表1(続）を使用します。

1　特例の適用にあたっての同意

この欄は、小規模宅地等の特例の対象となり得る宅地等を取得した全ての人が次の内容に同意する場合に、その宅地等を取得した全ての人の氏名を記入します。

私(私たち)は、「2 小規模宅地等の明細」の①欄の取得者が、小規模宅地等の特例の適用を受けるものとして選択した宅地等又はその一部（「2 小規模宅地等の明細」の⑤欄で選択した宅地等)の全てが限度面積要件を満たすものであることを確認の上、その取得者が小規模宅地等の特例の適用を受けることに同意します。

氏名			

（注）小規模宅地等の特例の対象となり得る宅地等を取得した全ての人の同意がなければ、この特例の適用を受けることはできません。

2　小規模宅地等の明細

この欄は、小規模宅地等の特例の対象となり得る宅地等を取得した人のうち、その特例の適用を受ける人が選択した小規模宅地等の明細等を記載し、相続税の課税価格に算入する価額を計算します。

「小規模宅地等の種類」欄は、選択した小規模宅地等の種類に応じて次の1～4の番号を記入します。
小規模宅地等の種類：1 **特定居住用宅地等**、2 **特定事業用宅地等**、3 **特定同族会社事業用宅地等**、4 **貸付事業用宅地等**

	小規模宅地等の種類（1～4の番号を記入します。）	① 特例の適用を受ける取得者の氏名〔事業内容〕 ② 所在地番 ③ 取得者の持分に応ずる宅地等の面積 ④ 取得者の持分に応ずる宅地等の価額	⑤ ③のうち小規模宅地等（**「限度面積要件」**を満たす宅地等）の面積 ⑥ ④のうち小規模宅地等（④×$\frac{⑤}{③}$）の価額 ⑦ 課税価格の計算に当たって減額される金額（⑥×⑨） ⑧ 課税価格に算入する価額（④－⑦）
選択した小規模	□	①　〔　〕	⑤　．㎡
		②	⑥　円
		③　．㎡	⑦　円
		④　円	⑧　円
	□	①　〔　〕	⑤　．㎡
		②	⑥　円

（出典：国税庁ホームページ（https://www.nta.go.jp/taxes/tetsuzuki/shinsei/annai/sozoku-zoyo/annai/r02pdf/49.pdf,（2021.9.8)）を加工して作成）

【参考書式】「特例の適用にあたっての同意」の記載欄がない第11・11の2表の付表1（修正申告用）

小規模宅地等についての課税価格の計算明細

被相続人	

第11・11の2表の付表1（修正申告用）（平成27年分以降用）

1　小規模宅地等の明細

この欄は，特例の対象として小規模宅地等を選択する場合に記入します。

選択した小規模宅地等	宅地等の番号	所在地番	① 取得者の持分に応ずる面積	② 取得者の持分に応ずる宅地等の価額	③ 特例の適用を受ける取得者の氏名	④ ①のうち特例の対象として選択した宅地等の面積	⑤ 課税価格の計算に当たって減額される金額	⑥ 宅地等について課税価格に算入する価額（②－⑤）
			㎡	円		㎡	円	円

（注）1　「⑤　課税価格の計算に当たって減額される金額」欄の金額の計算は，下記３によります。
2　⑥欄の金額を第11表の「財産の明細」の「価額」欄に転記します。

2　「限度面積要件」の判定

上記「1　小規模宅地等の明細」の「④　①のうち特例の対象として選択した宅地等の面積」欄で選択した宅地等の全てが限度面積要件を満たすものであることを，次の各欄に面積を記入することにより判定します。

小規模宅地等の種類		1 特定居住用宅地等	2 特定事業用宅地等	3 特定同族会社事業用宅地等	4 貸付事業用宅地等
A	下記３の⑨の小規模宅地等の面積の合計	［下記3の⑯の面積の合計］ ㎡	［下記3の⑬の面積の合計］ ㎡	［下記3の⑭の面積の合計］ ㎡	［下記3の⑮の面積の合計］ ㎡
B	イ 小規模宅地等のうちに4貸付事業用宅地	［1のAの面積］≦330㎡ ㎡	［2のA及び3のAの面積の合計］ ㎡≦400㎡		

（出典：国税庁ホームページ（https://www.nta.go.jp/taxes/tetsuzuki/shinsei/annai/sozoku-zoyo/annai/r02pdf/s14.pdf，（2021.9.8））を加工して作成）

【50】 当初申告では未分割として申告し、遺産分割協議が調った後の相続税の更正の請求と修正申告をする場合

父が死亡し、相続人は母、長男及び長女の3人です。相続税の申告期限までに遺産分割協議が調わなかったため、相続税の申告書に「申告期限後3年以内の分割見込書」を添付して未分割で申告を行いました。

その後、遺産分割協議が調ったので、相続税の更正の請求によって相続税の還付を受けたいと思います。注意点があれば教えてください。

●落とし穴	遺産が分割されたことで、共同相続人のうち、相続税額が増える人は修正申告をすることができると規定されている。しかし、共同相続人の1人でも「更正の請求」によって相続税額の還付を受けた場合には、任意とされている修正申告でも、修正申告をしなければ税務署長から更正処分を受けて相続税を納付することになる。

○対応策	新たな紛争の元になるため、遺産分割協議と並行して、更正の請求をするか否かも含めて合意しておく。

解　説

当初未分割で申告し、相続税の申告書に「申告期限後3年以内の分割見込書」を添付している場合には、相続税の申告期限から3年以内に分割されたときには、小規模宅地等の課税価格の特例及び配偶者の税額軽減の特例の適用を受けることができます（相法19の2②、措法69の4④）。

未分割遺産が分割されたことによって、既に確定した相続税額が不足した場合には、相続税の修正申告書を提出することができる（相法31①）とされています。また、課税価格及び相続税額が過大となった場合は、その事由が生じたことを知った日の翌日から4か月以内に限り更正の請求をすることができる（相法32）とされています。

いずれの場合も、任意の規定とされています。そのため、相続税の還付を受ける人

が「更正の請求」を行っても、相続税を納付しなければならない他の相続人が修正申告することも任意となります。そこで、税務署長は、更正の請求に基づき更正をした場合には、請求した者の被相続人から相続等により財産を取得した他の者について修正申告がなされなかったら更正をする（相法35③）としています。

実務では、配偶者の税額軽減や小規模宅地等の特例の適用を受けることができる場合には、「更正の請求」を行うことになる事例が大半です。そのため、遺産分割協議に際しては、更正の請求をするか否かも含めて合意しておくことが望ましいと思います。

【51】 賃貸借型で「土地の無償返還に関する届出書」の提出がある場合の自社株の相続税評価額は

① 甲が所有する土地に、甲の妻が株主である会社（A社）が本社事務所を建て、賃貸借による「土地の無償返還に関する届出書」を提出していました。
A社の株式は甲の妻が全株所有していますが、その株式を子へ贈与するためA社の純資産価額を計算する際に、その土地の自用地の価額の20％を資産に加算して株価を計算しました。

② 乙が所有する土地に、乙が株主である不動産管理会社（B社）がアパートを建て、賃貸借による「土地の無償返還に関する届出書」を提出していました。
乙が死亡したことによって、乙が所有するB社株式の純資産価額を計算する際に、その土地の自用地の価額の20％を資産に加算して株価を計算しました。

●落とし穴	相談事例のように、「土地の無償返還に関する届出書」の提出がある場合に、「相当の地代を支払っている場合等の借地権等についての相続税及び贈与税の取扱いについて」（昭60・6・5直資2－58・直評9）8だけを見て、株式の評価額の計算において、純資産価額にはその土地の自用地の価額の20％を資産に計上しなければならないと判断してはならない。

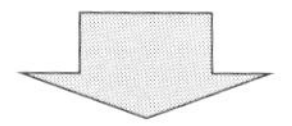

○対応策	① 甲の子が、母から贈与を受けたA社株式の純資産価額を求める場合に、その敷地の所有者と株式の所有者が異なることから、その敷地の20％相当額を純資産価額に加算する必要はない。 ② 乙の所有していたB社株式の純資産価額を求める場合に、B社の建物は第三者に貸し付けられていることから、自用地の借地権価額から借家人の敷地利用権相当額を控除した金額を加算すればよい。

解　説

土地が賃貸借によって貸借されている場合に、「土地の無償返還に関する届出書」が提出されているときの貸宅地の価額は、「相当の地代を支払っている場合等の借地権等についての相続税及び贈与税の取扱いについて」（昭60・6・5直資2－58・直評9）8（「土地の無償返還に関する届出書」が提出されている場合の貸宅地の評価）において、「借地権が設定されている土地について、無償返還届出書が提出されている場合の当該土地に係る貸宅地の価額は、当該土地の自用地としての価額の100分の80に相当する金額によって評価する。なお、被相続人が同族関係者となっている同族会社に対し土地を貸し付けている場合には、43年直資3－22通達の適用があることに留意する。」としています。

そして、「相当の地代を収受している貸宅地の評価について」（昭43・10・28直資3－22・直審（資）8・官審（資）30）では、「課税時期における被相続人所有の貸宅地は、自用地としての価額から、その価額の20％に相当する金額（借地権の価額）を控除した金額により、評価することとされたい。なお、上記の借地権の価額は、…被相続人所有の株式会社の株式評価上、同社の純資産価額に算入することとされたい。」としています。

相談事例は、以上の通達だけを見て、株式の評価額の計算において、純資産価額にはその土地の自用地の価額の20％を資産に計上しなければならないと判断したことが原因と思われます。

(1)　A社株式について

自用地としての価額から、その価額の20％に相当する金額（借地権の価額）を控除した金額については、被相続人所有の株式評価上、同社の純資産価額に算入することとされているのは、被相続人が同社の同族関係者である場合においては、土地の評価額が個人と法人を通じて100％顕現することが、課税の公平上適当と考えられるからであるとしています（「相当の地代を収受している貸宅地の評価について」（昭43・10・28直資3－22・直審（資）8・官審（資）30））。

このことから、土地所有者と株式所有者が同一であることを前提としているものと考えられることから、土地所有者がその会社の株式等を所有していない場合などにおいては、その株式等の評価において、その価額の20％に相当する金額を純資産価額に算入する必要はないことになります。

(2)　B社株式について

第三者に貸し付けられている貸家の敷地たる借地権には、借家人の敷地利用権（自用地価額×借地権割合×借家権割合）が生じており、自用の借地権とは当然にその価値が異なるのであるから、あえてその土地の価額を個人と法人を通じて100％顕現させる必要はなく、貸家建付借地権の場合においては、自用の借地権価額から借家人の敷地利用権相当額を控除した金額（自用地価額×20％×（1－30％）＝自用地価額×14％）とすることになります。

＜土地の無償返還方式（賃貸借型：被相続人が同族関係者になっている法人に対する土地の貸付けの場合）における課税関係＞

		借地人（法人）	地主（個人）
借地権設定時		課税関係なし	課税関係なし
地代の額		零から相当の地代の額の間で自由に設定可能	
地代の取扱い		損金の額に算入	不動産所得の収入金額
土地の相続税評価額	賃貸借	（株価計算：純資産価額方式） 自用地評価額 × 20%（※1） ※貸家建付借地権の場合 自用地評価額 × 20% ×（1 － 0.3）	自用地評価額 × 80%（※2）

※1　同族会社が、同族の地主から土地を借りていても、被相続人自身がその地主（土地所有者）でなければ、被相続人の株式評価では、自用地評価額×20％を純資産価額に加算する必要はありません。また、借地人の土地の相続税評価額は、建物が賃貸住宅等である場合には、自用地評価額×20％×（1－0.3）として評価されます（以下同じ）。

※2　この取扱いについては、借地権の価額を0とすることからすると、貸宅地の価額は、自用地の価額によって評価するとの考え方もありますが、借地借家法の制約、賃貸借契約に基づく利用の制約等を勘案すれば、借地権の取引慣行のない地域においても20％の借地権相当額の控除を認容している（評基通25(1)）こととの権衡上、その土地に係る貸宅地の価額の評価においても20％相当額を控除することが相当であるとの考え方によるものです。

【52】「土地の無償返還に関する届出書」の提出の有無による、相続税評価額への影響は

A社の創業者の甲が令和3年4月に死亡しました。甲はA社に土地を賃貸し、A社はその土地の上に平成20年に本社事務所を建てて利用しています。

甲が賃貸しているその土地の相続税評価額はどのようになるのでしょうか。甲とA社との間で土地貸借に関する届出書（「土地の無償返還に関する届出書」など）の提出の有無によって土地の評価方法についてどのような影響が考えられますか。

●落とし穴	建物の所有を目的とする土地の賃貸借があれば、原則として賃借人に借地権が認められる。しかし、税務上は「土地の無償返還に関する届出書」の提出があれば借地権の認定課税は見合わせることとしている。 そのため、その届出書の提出の有無によって、土地の相続税評価額が大きく異なる。さらに、自社株の相続税評価額にも影響がある。

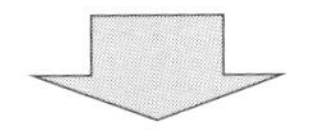

○対応策	「土地の無償返還に関する届出書」などの提出がない場合には、原則としてA社に借地権があるものとされることから、その土地は自用地評価額から借地権相当額を控除した金額で評価される。 そのため、会社関係者に「土地の無償返還に関する届出書」などの提出の有無について質問する。さらに、所轄税務署において、「閲覧申請」によって「土地の無償返還に関する届出書」などの提出がないか、念のための確認を必ず行う。閲覧申請の方法については解説を参照。

解　説

税務署では、納税者が過去の申告事績等を確認して事後の適正な申告書等の作成を

行う場合に、税務署に提出されている申告書等（各種申請書、届出書、請求書を含みます。）を閲覧に供するサービスを実施しています（「申告書等閲覧サービスの実施について（事務運営指針）」（平17・3・1官総1－15・官公195・課総2－2・課個4－7・課資1－4・課法3－2・課酒1－4・課消1－11・徴管1－1・徴徴1－16）　別紙）。

閲覧時に記録が必要な際は、原則として書き写しになりますが、次の事項に同意する場合には、写真撮影も可能です。

① デジタルカメラ、スマートフォン、タブレット又は携帯電話など、撮影した写真をその場で確認できる機器を使用すること（動画は不可）。
② 収受日付印のある書類等は、収受日付印、氏名、住所等を被覆した状態で撮影すること。
③ 撮影した写真を署員に確認させ、対象書類以外が写り込んでいた場合は、署員の指示に従い消去すること。
④ 撮影した写真は申告書等の内容確認以外で利用しないこと。

1　閲覧申請の受付

閲覧申請は、納税地を所轄する税務署の管理運営部門又は管理運営・徴収部門（いずれも設置されていない税務署では総務課）の窓口で受け付けます。

閲覧において、写真撮影を希望する場合には、閲覧申請書の「写真撮影の希望」欄にチェックを入れておくようにします。また、代理人が写真撮影を希望する場合は、委任状にも委任者が写真撮影を希望する旨の記載が必要となります。

法人の申告書等の閲覧申請を税理士が代理人として行う場合には、委任状と申告書等閲覧申請書に、法人の実印を押印し、印鑑登録証明書（有効期限30日以内）の添付が必要です。代理人税理士は、閲覧に当たり税理士証票の提示が必要となります。

また、被相続人の所得税の確定申告書が見当たらない場合などでも、税理士による閲覧申請ができますが、相続人全員の委任状（実印押印）と印鑑登録証明書（有効期限30日以内）の添付が必要です。代理人税理士は閲覧に際し税理士証票の提示が必要となります。

2　閲覧サービスの対象文書

閲覧サービスの対象文書は次のとおりです。

① 所得税及び復興特別所得税申告書
② 法人税及び地方法人税申告書、復興特別法人税申告書
③ 消費税及び地方消費税申告書

④　相続税申告書

⑤　贈与税申告書

⑥　酒税納税申告書

⑦　間接諸税に係る申告書

⑧　各種の申請書、請求書、届出書及び報告書等

⑨　納税者が上記①～⑧の申告書等に添付して提出した書類（青色申告決算書や収支内訳書など申告書等とともに保存している書類を含み、所得税及び復興特別所得税申告書に係る医療費の領収書など申告書等閲覧サービスの対象としてなじまない書類を除きます。）

(注)「申告書」には確定（納税）申告書（清算確定申告を除きます。）のほか修正申告書、中間申告書、準確定申告書、訂正申告書、還付申告書を含みます。

３　閲覧申請者の範囲等

申告書等の閲覧は、納税者本人又はその代理人が行うことができます。

なお、次に掲げる場合には、納税者本人は、それぞれ次に掲げる者が該当します。

①　法人（人格のない社団等を含みます。）が提出した申告書等を閲覧する場合
→法人の代表者（代表清算人及び破産管財人を含みます。）

②　納税者が申告書等を提出する前に亡くなった場合で相続人が提出した申告書等又は亡くなった者が生前に提出した申告書等を閲覧する場合
→相続人

また、代理人の範囲は次のとおりです。

・未成年者又は成年被後見人の法定代理人
・配偶者及び四親等以内の親族（納税者が個人である場合に限ります。）
・納税管理人
・税理士、弁護士、行政書士（行政書士については、一定の書類に限ります。）
・当該法人の役員又は従業員

４　閲覧申請時に必要な書類等

(1)　納税者本人が閲覧を申請する場合

①　閲覧申請書に記載された閲覧申請をする者の氏名及び住所又は居所と同一の氏名及び住所又は居所が記載されている書類（運転免許証、健康保険等の被保険者証、個人番号カードなど）のいずれかを提示する必要があります。

② 次に掲げる申告書等を閲覧する場合には、それぞれ次の書類の提出が必要となります。

㋐ 共同で提出された相続税申告書

その全体の閲覧を希望する場合には、閲覧申請をする者以外の相続人全員の実印を押印した委任状及び印鑑登録証明書（申請日前30日以内に発行されたもの）

㋑ 亡くなった方が生前に提出した申告書等

相続人全員を明らかにする戸籍全部（個人）事項証明書並びに閲覧申請をする者以外の相続人全員の実印を押印した委任状及び印鑑登録証明書（申請日前30日以内に発行されたもの）

なお、相続放棄している者がいる場合には、相続放棄の事実を証する書面により確認できれば、当該相続放棄している者に係る委任状の提出は要しません。

(2) 代理人が閲覧を申請する場合

代理人の区分ごとに次の書類の提示又は提出が必要となります。

申告書等の分類	個人に係る申告書等				法人に係る申告書等
代理人／必要書類	未成年者又は成年被後見人の法定代理人	配偶者・四親等以内の親族	納税管理人	税理士 弁護士 行政書士	法人の役員・従業員
代理人本人であることを確認する書類	提示	提示	提示	提示	提示
委任状（納税者本人の実印（届出印）が押印されたもの）	－	提出	提出 ※実印以外での押印でも差し支えありません。	提出	提出
印鑑登録証明書（申請日前30日以内に発行されたもの）	－	提出	－	提出	提出
戸籍全部（個人）事項証明書、家庭裁判所の証明書又は登記事項証明書で申請日前30日以内に発行されたもの	提示又は提出	－	－	－	－

戸籍全部（個人）事項証明書若しくは住民票の写し（申請日前30日以内に発行されたもの）又は健康保険等の被保険者証等で本人との親族関係が確認できるもの	−	提示又は提出	−	−	−
税理士証票、弁護士の身分証明書、行政書士証票	−	−	−	提示	−
役員又は従業員の地位を証する書類（社員証など）	−	−	−	−	提示

(注1)税理士、弁護士又は行政書士が代理人として閲覧する場合において、当該税理士、弁護士又は行政書士の各事務所の事務員が閲覧に立ち会い、代書することが認められます。

(注2)税理士又は弁護士が代理する場合、申告書等の閲覧の代理は税務代理行為に当たらないので、申告書等に添付した税務代理権限証書に基づく閲覧はできず、本人からの委任状等の提出が必要になります。

＜申告書等の分類と閲覧を認める者の対比表＞

申告書等の分類		本　人	代理人
生存する個人に係る申告書等	所得税申告書 個人消費税申告書 贈与税申告書 酒税納税申告書 間接諸税に係る申告書等	納税者	・未成年者又は成年被後見人の法定代理人 ・配偶者及び四親等以内の親族 ・納税管理人 ・税理士、弁護士、行政書士（行政書士については、その業務として作成できる書類に限ります。）
	相続税申告書	納税者 （共同提出された相続税申告書について、全体を閲覧するためには、共同提出した納税者全員が来署し、全員の氏名が記載された閲覧申請書を提出するか、閲覧申請者を除く共同提出した納税者全員分の委任状及び印鑑登録証明書が必要）	同上 （共同提出された相続税申告書について、全体を閲覧するためには、共同提出した納税者全員分の委任状及び印鑑登録証明書が必要）

死亡した個人に係る申告書等	準確定申告書	共同提出した相続人 （準確定申告書に署名・押印された相続人全員からの申請であるか、一部の者からの申請であるかは問わず、閲覧が認められます。）	同上 （準確定申告書に署名・押印された相続人全員の代理人であるか、一部の者の代理人であるかは問わず、閲覧が認められます。）
	生前に提出されていた申告書等	相続人 （戸籍全部（個人）事項証明書を持参の上、相続人が複数いる場合に、申告書等を閲覧するには、相続人全員が来署し全員の氏名が記載された閲覧申請書を提出するか、来署しない者全員分の委任状及び印鑑登録証明書が必要）	同上 （相続人が複数いる場合、申告書等を閲覧するには、相続人全員分の委任状、印鑑登録証明書及び戸籍全部（個人）事項証明書が必要）
法人に係る申告書等 （法人税、法人消費税申告書等）		法人の代表者	・税理士、弁護士、行政書士 （行政書士については、その業務として作成できる書類に限ります。） ・当該法人の役員及び従業員

（「申告書等閲覧サービスの実施について（事務運営指針）」（平17・3・1官総1－15・官公195・課総2－2・課個4－7・課資1－4・課法3－2・課酒1－4・課消1－11・徴管1－1・徴徴1－16）　別表）

【53】 路線価が設定されている路線に面している市街化調整区域の農地の相続税評価を、過大に評価していた場合

平成25年に父が死亡しました。父の財産のうち、評価対象地である農地が市街化調整区域に所在していましたが、隣接する土地は市街化区域なので路線価を付されていました。そこで、その農地の評価に当たり路線価を基に造成費用などを控除して評価額を求めて相続税の申告を行いました。

その農地は母が相続しましたが、令和3年に母が死亡し、市街化調整区域の農地の相続税評価額は、路線価の付されている路線に面していても倍率方式によって評価することを知りました。

父の相続の相続税は取り戻せませんか。

●落とし穴	相談事例の場合、被相続人の相続税が過大であっても、時効（原則5年）が過ぎているため取り戻すことはできない（通則法74①）。

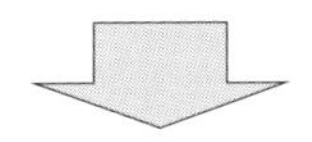

○対応策	固定資産税の課税明細書には、都市計画税の課税明細の記載欄がある。都市計画税は、市街化区域と市街化調整区域の線引き制度を受け、昭和46年からは、原則として市街化区域だけに課すこととされているので、農地の評価に当たっては、課税明細書からその土地が市街化区域とそれ以外の区域のいずれに所在するのか確認を行う。

解　説

一例を挙げると、大阪府の郊外にある○○市杉山手の「住宅地図」、「路線価図」と「都市計画図」は以下のようになっています。

評価対象地は、杉山手の太枠で囲んでいる農地です。西側のエリアには、住宅が建ち並び第一種低層住宅専用地域として指定されています。一方、東側の評価対象地である農地は、市街化調整区域に指定されていますが、路線価64千円の路線に面しています。

しかし、路線価で評価するのは、市街地農地（評基通40）又は市街地周辺農地（評基通39）とされていて、市街化調整区域にある農地は、たとえ、路線価が設定されている路線に面していても倍率方式によって評価することとされています。

<住宅地図>　　<路線価図>

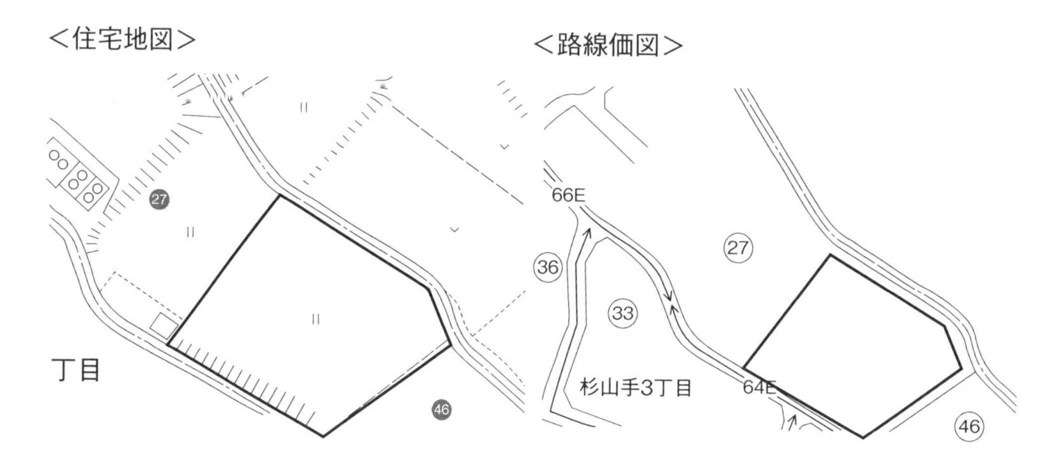

<都市計画図>

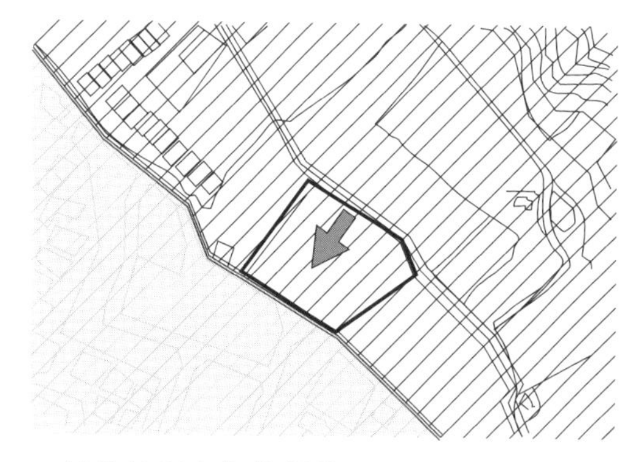

対象地が市街化調整区域に所在する農地なのか、都市計画法ではどのような用途地域として指定されているのかということは、都市計画図を見ると確認できます。しかし、この農地が路線価の設定されている路線に面していた場合、都市計画法における用途地域を確認しないと、誤って路線価方式によって評価することがあるので、注意が必要です。

【54】 固定資産税の課税明細書で被相続人が所有する不動産を確認したことにより、共有不動産の申告漏れが生じる場合

甲は令和3年4月に死亡しました。甲の所有する不動産について固定資産税の課税明細書で確認したところ、自宅不動産のみとなっていました。甲が所有する不動産はこれ以外ないものと判断して間違いありませんか。

●落とし穴	被相続人の所有する不動産を固定資産税の課税明細書で確認しただけでは、共有不動産などの申告漏れが生じることがある。

○対応策	被相続人の所有する不動産について、固定資産税の課税明細書だけで確認するのではなく、名寄帳で確認すれば被相続人の所有する共有不動産なども漏れなく把握することができる。

解　説

名寄帳は、同一人が所有する固定資産（課税物件）を一覧表にしたもので、固定資産課税台帳の登録事項と同一の事項が記載されています。

被相続人の名寄帳を申請する場合は、相続関係が確認できる書類（被相続人の死亡年月日の確認と相続人との続柄が確認できる戸籍全部事項証明書又は戸籍個人事項証明書や遺言公正証書など）が必要で、代理人が申請する場合には委任状も必要となります。

固定資産税の課税明細書によると、固定資産税が課税されている物件の明細を確認することができますが、共有不動産や固定資産税が非課税とされる不動産については、課税明細書に記載されていないことがあります。

共有不動産については代表者の課税明細書にだけ送付されることとされています。これは、地方税法10条の2第1項の規定により、持分に関係なく共有者全員が連帯して全額を納付する義務（連帯納税義務）があるため、共有者それぞれの持分に応じて課

税することはできません。そのため、固定資産税の課税明細書（納税通知書）も共有名義一つにつき1通のみ代表者に送付されます。

また、市民農園として無償で公共団体などに貸し付けている場合には、固定資産税は非課税とされますが、相続税では、通常の評価額から一定の評価減をした金額が課税価格とされます。

そのため、被相続人が所有する不動産の確認は、「名寄帳」によって行わないと共有不動産や、固定資産税が非課税とされている不動産について把握漏れが生じるおそれがあります。

【55】 非上場株式等について、後継者以外の者にも相続させるとした遺言書によって、後継者の持株が同族関係者の中で筆頭株主にならないような場合の特例事業承継税制の適用は

Ａ社の先代経営者の父が令和3年4月に死亡しました。相続人は私（甲：Ａ社の特例後継者）と妹の2人です。父は、遺言書を残していたので、Ａ社株式は、遺言書（甲2000株、妹1000株）に従って遺産を相続することになりました。

私は、「特例承継計画」の確認を受けていて、Ａ社の代表取締役なので、特例事業承継税制の適用を受けることはできますか。

＜Ａ社の株主（相続開始直前）＞

株　主	所有株式数	同族関係の判定
父	3000株	同族関係者
父の弟	2500株	同族関係者
父の妹	1000株	同族関係者
その他の株主	1500株	同族関係者以外の株主
発行済株式合計	8000株	－

●落とし穴	特例事業承継税制の適用を受けるためには、後継者が1人の場合、後継者と特別の関係がある者の中で最も多くの議決権数を保有することが要件とされているため、相談事例の場合、甲は相続税の納税猶予の適用を受けることはできない。

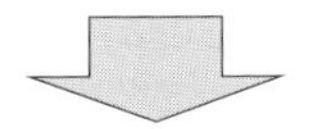

○対応策	特例事業承継税制の適用を受けるために、遺言書によることなく、甲が2500株相続することとすれば相続税の納税猶予の適用を受けることができる。

解　説

特例後継者が、特例認定承継会社の代表権を有していた者から、相続又は遺贈によ

り特例認定承継会社の非上場株式を取得した場合には、その取得した全ての非上場株式に係る課税価格に対応する相続税の全額について、その特例後継者の死亡の日等までその納税を猶予することができます（措法70の7の6）。

＜納税が猶予される相続税などの計算方法（特例措置）＞

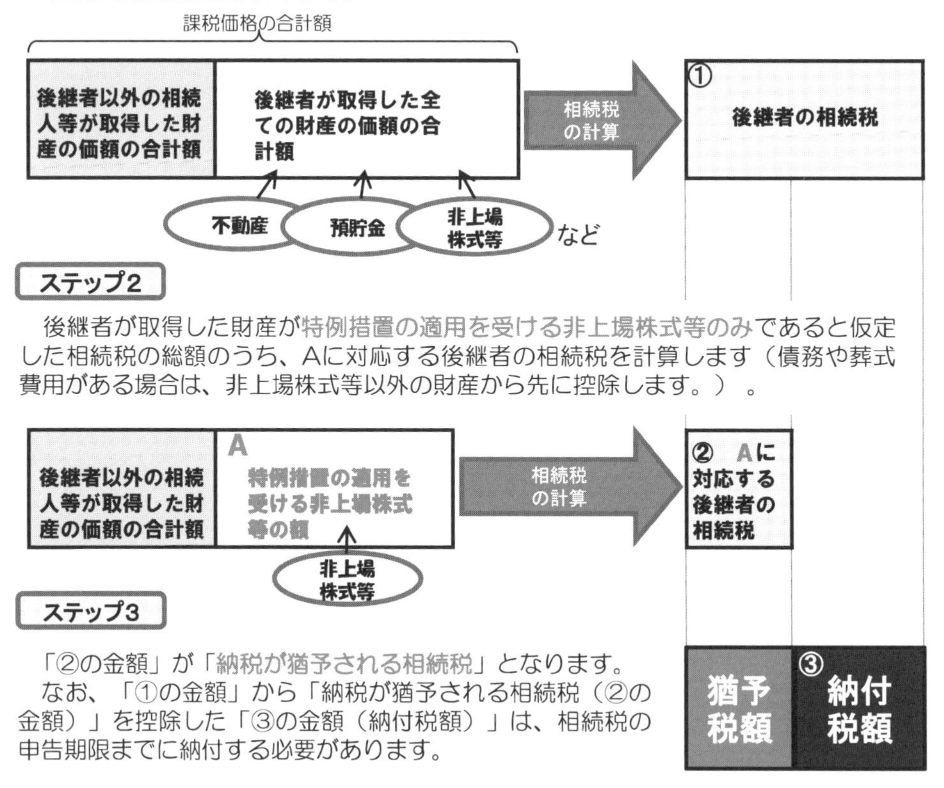

（出典：「非上場株式等についての贈与税・相続税の納税猶予・免除（法人版事業承継税制）のあらまし（令和3年5月）」（国税庁）（https://www.nta.go.jp/publication/pamph/pdf/0021005-083_01.pdf,（2021.9.8））

この特例制度の適用要件のうち、後継者の要件には、後継者1人の場合には、後継者と特別の関係がある者（他の後継者を除きます。）の中で最も多くの議決権数を保有すること、又は後継者が2人又は3人の場合には、各後継者が10％以上の議決権を有し、かつ、後継者と特別の関係がある者（他の後継者を除きます。）の中で最も多くの議決権数を保有することとなることとされています（措法70の7の6②七ハ(2)）。

そのため、例えば後継者が1人の場合で、その後継者が筆頭株主に該当しないときは、この特例の適用を受けることができません。

【設　例】

1.　被相続人　父（令和3年4月死亡：先代経営者）

2.　相続人　長男（後継者）・長女

3.　相続財産と遺言書

①　特例認定承継会社であるA社株式　3000株（3億円）

②　その他の財産　1億円

遺言書で長男にA社株式2000株を、長女にA社株式1000株とその他の財産を相続させる。

4.　A社の株主（相続開始直前）

株　主	所有株式数	同族関係の判定
父	3000株	同族関係者
父の弟	2500株	同族関係者
父の妹	1000株	同族関係者
その他の株主	1500株	同族関係者以外の株主
発行済株式合計	8000株	－

5.　特例事業承継税制の適用要件の判定

①　先代経営者（父）

相続開始の直前において、先代経営者と先代経営者の親族などで総議決権数の過半数を保有しており、かつ、これらの者の中で筆頭株主（後継者を除く。）であったこと

〔判定〕A社は父の同族関係者で過半数を保有、かつ、父は同族関係者の中で筆頭株主

∴適用要件を満たす

②　特例後継者（長男）

同族関係者の中で筆頭株主であること

〔判定〕長男　2000株 ＜ 父の弟　2500株

∴長男は同族関係者の中で筆頭株主に該当しないことから、この特例の適用を受けることができない。

上記の【設　例】の場合、父は2人の子に財産を均分に相続させようと考えて遺言書を残したと推測できます。しかし、長男が特例事業承継税制の適用を受けようとする場合には、同族関係者の中での筆頭株主要件を満たさないことからこの特例の適用を受けることができません。対応策としては、遺言書でＡ社株式を長男へ2500株相続（父の弟と同数でも、長男は筆頭株主となります。）させ、長女へ代償金として5000万円を支払うような内容とすれば、長男は特例事業承継税制の適用を受けることができます。

【56】 相続税の税務調査において、相続人名義となっている株式について被相続人の財産として認定される場合

亡くなった父の相続税の税務調査で、相続人名義となっている上場株式と、父が創業した会社の非上場株式等について、父の財産と認定され、修正申告をすることになりました。

相続税の税務調査で、名義株式として認定されることがないようにするには、どのようにしておけばよかったのでしょうか。

●落とし穴	相談事例の場合、上場株式については、父と同じ証券会社で、父任せで投資運用をしていて、相続人はその内容について知らなかった場合は名義株式と判定される。 また、父が創業した会社の非上場株式等についても、贈与があったことを立証することができなかった場合は、同様に父の財産と認定される。

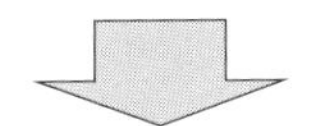

○対応策	株式の名義人が真の所有者であるか否かの判定においては、贈与税の申告や配当金の所得税の申告だけをもって、名義人の株式と主張しても認められないこともある。そのため、その株式の取得の原資を名義人が出捐していること及び管理処分権は名義人にあることなどの資料を整備しておかなければならない。

解　説

名義株式については、名義預金と同様に、管理処分権やその原資は誰であったのかがポイントとなります。

(1)　上場株式の場合

上場株式については、被相続人と相続人等が同じ証券会社で、同じ銘柄の株式等を被相続人や相続人等が同日に購入し、また、その株式を被相続人と一緒に、同日に売

却するなど、被相続人と相続人等が同じ日に行っていることは不自然な取引と思われます。

また、保有する株式の銘柄も、被相続人と相続人等が同じ銘柄である場合も不自然と考えられます。相続人等に対して、保有する株式の銘柄の会社は何をしている会社で、また債券であれば、どのような商品でその特長は何かなどについて質問をすると、明確な回答が得られないことも少なくありません。元本保証でない投資であれば投資商品の内容については慎重に吟味することが常識であると思います。それにもかかわらず相続人等が保有している株式の会社が何をしているのか等を知らないことは不自然で、ゆえに被相続人の財産ではないかと調査官は推測することになります。

証券会社では、「金融機関等による顧客等の本人確認等及び預金口座等の不正な利用の防止に関する法律」に基づき本人以外の者が取引を行う場合には、事前に証券会社所定の「代理人届」などを提出してもらい、本人以外の指示による取引が行われています。このこともその株式がいったい誰の財産であるのかの判定を難しくしています。

(2)　非上場株式等の場合

非上場株式等については、法人税法において同族会社の判定を行う場合の法人税申告書別表2（同族会社等の判定に関する明細書）に記載している株主の名義をもってその株主の所有者とする主張も少なくありません。しかし、その株主名簿は、法人税法上同族会社等に該当するか否かについて、納税者が申告納税方式によって申告したものであって、名義人＝真の所有者とは限らないとするのが税務署の主張です。

また、配当金について所得税の確定申告を行っていたとしても、そのことのみをもって配当金を受領した株主が真の株主であることの立証にはなりません。これは、①源泉徴収税額等の還付について定めた所得税法138条1項は、確定申告書に所要事項の記載があるときは申告者に還付する旨規定するのみであって、所得の帰属を課税庁が認定した上で還付するといったことは法律上予定されていないこと、②実務上も課税庁は還付に際し必ずしも所得の帰属認定をしていないことなどから、還付の事実のみをもって真の株主が誰であるか判断されるものではないと考えられるからです。

株式の利益配当は、当然に株式名義人に対して支払われるもので、名義人の銀行口座に配当金が振り込まれているからといって、名義人が株式の実質的な所有者であるということはできません。さらに、配当所得の申告をしてきたことも、そのことのみをもってその株式が名義人に帰属することの理由とはならない、とする裁判例もあります（大阪地判平11・7・16税資244・101）。

そのため、配当金について、その名義人が所得税の申告をしたからといって、そのことをもって名義人の株式であると早合点することは禁物です。

やはり、出資した当時にその出資をするだけの資力があったか否か、株主として権利行使をしている実態（株主総会への出席や議決権の行使など）はあるのか、などを中心に判定することになります。

【参考判例】大阪地判平11・7・16税資244・101

（要　旨）

株式の配当金は株式の名義人（相続人）に対して支払われるものであるから、相続人名義の株式の配当金が相続人名義の預金口座に振り込まれ、その株式の配当金について名義人が所得税の申告をしてきたからといって、そのことが直ちにその株式等がその名義人に帰属することを決定づけるものではない。

【57】 土地を取得して賃貸マンションを法人で建築したが、土地の取得後3年以内に相続が開始した場合の自社株の相続税評価額は

父が出資する会社が、令和2年1月に土地を取得し、同年12月にその上に賃貸マンションを建築し賃貸経営を開始しました。しかし、父は令和3年4月に死亡したため、その会社の株式の相続税評価額を計算することになりました。

死亡日以前3年以内に取得した土地や建物は通常の取引価額によって評価するとのことですが、いくらで評価すればよいでしょうか。

土地の取得価額及び賃貸マンションの建築価額は以下のとおりです。

① 土地（借地権割合60％） 1億円

② 賃貸マンション 2億円（令和3年4月現在満室）

●落とし穴	相談事例の場合、法人が土地及び賃貸マンションを取得して3年以内にその株主の相続が開始したことから、株式の評価において、純資産価額を求めるときは「通常の取引価額」でそれらの財産を評価しなければならないが、取得時と課税時期の利用区分が異なることに注意が必要である。

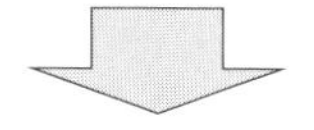

○対応策	相続の開始時において、土地は自用地から貸家建付地に、建物は自用家屋から貸家に利用区分が変わっているので、それらを反映した価額が「通常の取引価額」とされ、その株式等の純資産価額を求めることとされている。

解　説

課税時期前3年以内に取得した土地（借地権）等及び家屋等の価額は、課税時期における通常の取引価額によって評価する（評基通185）と定められていますが、これは、課税時期の直前に取得し、「時価」が明らかになっている土地等及び家屋等について、わざわざ路線価等によって評価替えを行うことは、「時価」の算定上、適切でないと考え

られること等によるものです。

そのため、土地、建物の取得後、建物を賃貸の用に供したため、取得時の利用区分（自用の建物、自用地）と課税時期の利用区分（貸家、貸家建付地）が異なることとなり、その取得価額等から、課税時期における通常の取引価額を算定することが困難である貸家及び貸家建付地の価額については、まず、その貸家及び貸家建付地が自用の建物及び自用地であるとした場合の課税時期における通常の取引価額を求め、次にその価額を貸家の評価及び貸家建付地の評価の定めに準じて評価して差し支えないものとされています（資産税審理研修資料（東京国税局））。

相談事例の場合、純資産価額を求める際の土地及び建物の「通常の取引価額」は、以下のようになります。

①　土地　1億円×（1－0.6×0.3×100％）＝8200万円

②　建物　2億円×（1－0.3×100％）＝1億4000万円（※）

※建物の減価償却費については考慮していません。

【58】 相続税の税務調査で土地の縄伸びを指摘された場合

令和2年1月に死亡した父の相続税の税務調査で、相続財産のうちの土地の一部が縄伸びしていると指摘され、修正申告することになりました。

税務署はどこに着眼して土地の縄伸びを発見したのでしょうか。

●落とし穴	土地の地積は、課税時期における実際の面積による（評基通8）とされている。そのため、縄伸びが認められる土地については、登記面積によって評価している場合、修正申告を求められることになる。

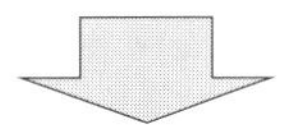

○対応策	土地の登記事項証明書から、土地が分筆されている場合には、分筆された時期が平成17年3月6日以前か否かについて必ず確認を行う。また、地積の判定において、法務局から「公図」しか入手できなかったとしても、地積測量図か建物図面が入手できればその土地の面積の概要を把握することができる。

解　説

土地に関する税務調査では、縄伸びについて議論になることがあります。土地の評価額については、相続人にとっては財産評価基本通達に基づく評価になると専門知識が必要となり、かつ、解釈や適用についての議論となることから蚊帳の外になることが多くあります。そのため､税理士としては安易に引き下がることができない内容で､税務署の主張を受け入れる場合には、相続人等に対してしっかりと説明をし、理解を得てからでないとトラブルになる可能性があります。

縄伸びについては、土地評価を行う際に現地確認をすればおおよその検討はつくものと思われます。路線価地域では、間口や奥行きなどが評価方法に影響を与えることから簡易な実測を行うことも必要です。倍率地域の土地評価でも同様に固定資産税評価額は登記面積を基に評価されていることから、実際面積が異なる場合には調整計算

（その土地の固定資産税評価額×実際の地積÷台帳地積）（評基通8、宇野沢貴司編『財産評価基本通達逐条解説（令和2年版）』50頁（大蔵財務協会、2020））が必要とされていますので、現地確認は欠かせません。

その結果、台帳地積と実際面積が大きく異なる可能性の高い農地や山林の場合には、事前に所轄署で縄伸びなどについての確認が欠かせません。所轄署では、おおよそ地域ごとに縄伸びが多くある場所をそれなりに特定して情報を収集しているようです。

また、土地が分筆されている（地番に支号（枝番）がついている）場合には、登記事項証明書から分筆された年月日の確認も欠かせません。平成17年3月7日以降は、分筆登記の際に、「全筆求積」が義務づけられました（不動産登記事務取扱手続準則72②、不動産登記規則77）。その前までは、分筆したい土地の部分だけを求積した「残地求積」が許されていました。そのため、残地として処理された土地は、縄伸び又は縄縮みが生じる可能性が高いことから、土地の評価額の算定においては、実際の地積の判定に注意が欠かせません。

＜不動産登記法改正前における土地の分筆例（平成17年3月7日改正）＞

実測面積が330㎡、台帳地積が300㎡のケース

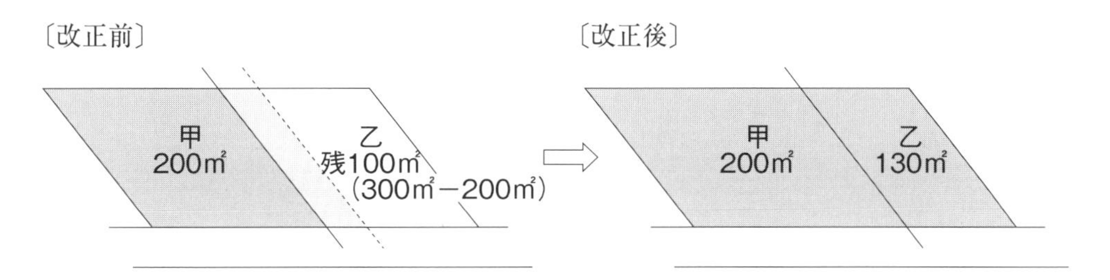

甲部分のみを測量し求積していた（残地求積）。
乙部分は登記と実測がずれたまま。

全体を測量し求積している。
その後甲と乙に分筆している。

【コラム】法務局で取得できる図面

法務局で取得できる図面には、「地図（法第14条第1項）」、「地図に準ずる書面（公図）」、「地積測量図」、「建物図面・各階平面図（建図）」などがあります。

① 法務局には、登記された土地の区画及び地番を明確にして、現地における土地の位置及び形状を明らかにする「地図」が備え置かれています。

不動産登記法14条1項の定めによる地図（14条地図）は、自然の原因又は人為的原因で土地の境界が明らかではなくなっても、地図から逆に現地での境界を復元することができること（現地復元性）が求められ、測量法による厳密な精度を持った測量に基づいて作成されています。

一方、中には作成時の測量技術から制度が十分でないもの（「地図に準ずる図面」）

もあります。「地図に準ずる図面」とは、一般的に公図と呼ばれ、主に明治時代に租税徴収の目的で作成された図面のことをいい、14条地図が備え付けられるまでの間、これに代わるものとして法務局に備え付けられている図面です。「地図に準ずる図面」は、土地の面積や距離については正確性が低く、土地の配列や形状の概略を記載した図面とされています。

同じような図面でも、図表の下段の分類欄で、「地図（法第14条第1項）」か「地図に準ずる図面」の表記がされていますので、確認ができます。

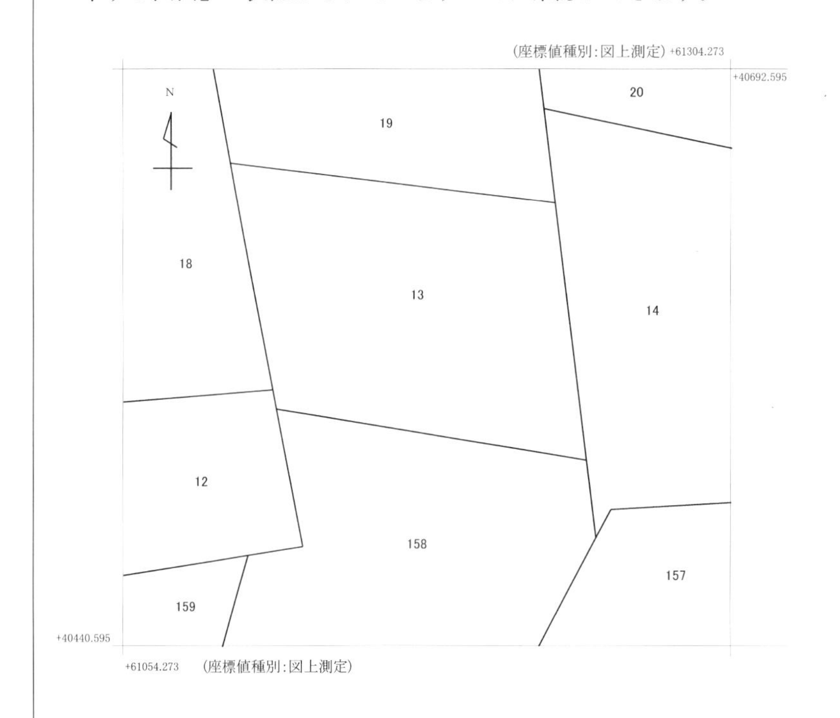

請求部分	所在	何市区郡何町村大字何字何					地番	13番	
出力縮尺	1/500	精度区分	甲二	座標系番号又は記号	IX	分類	地図(法第14条第1項)	種類	法務局作成地図
作成年月日	令和○年○月○日			備付年月日(原図)	令和○年○月○日		補記事項		

これは地図に記録されている内容を証明した書面である。

令和　年　月　日
法務局　出張所
登記官

電子公印

請求部分	所在						地番		
出力縮尺	1/500	精度区分	甲一	座標系番号又は記号	IX	分類	地図(法第14条第1項)	種類	法務局作成地図
作成年月日	令和○年○月○日			備付年月日(原図)	令和○年○月○日		補記事項		

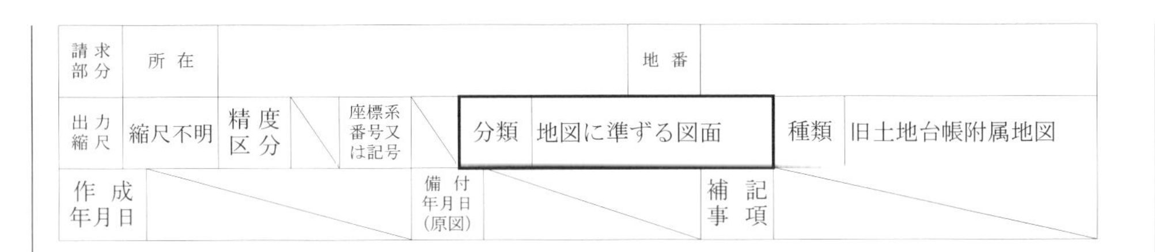

請求部分	所在					地番	
出力縮尺	縮尺不明	精度区分		座標系番号又は記号		分類　地図に準ずる図面	種類　旧土地台帳附属地図
作成年月日				備付年月日（原図）		補記事項	

（出典：盛岡地方法務局ホームページ（https://houmukyoku.moj.go.jp/morioka/content/000133360.pdf,（2021.9.8））を加工して作成）

14条地図があれば、その地図の縮尺を基に、間口・奥行・地形・地積などを求めて、その土地の評価額を計算することができます。

② 地積測量図は、土地の表題登記、地積更正・分筆の登記などの申請書に添付して提出される図面です。一筆ごとにその形状及び隣地との位置関係などが表示され、また、土地の求積（面積算出）方法などが明らかにされている図面です。

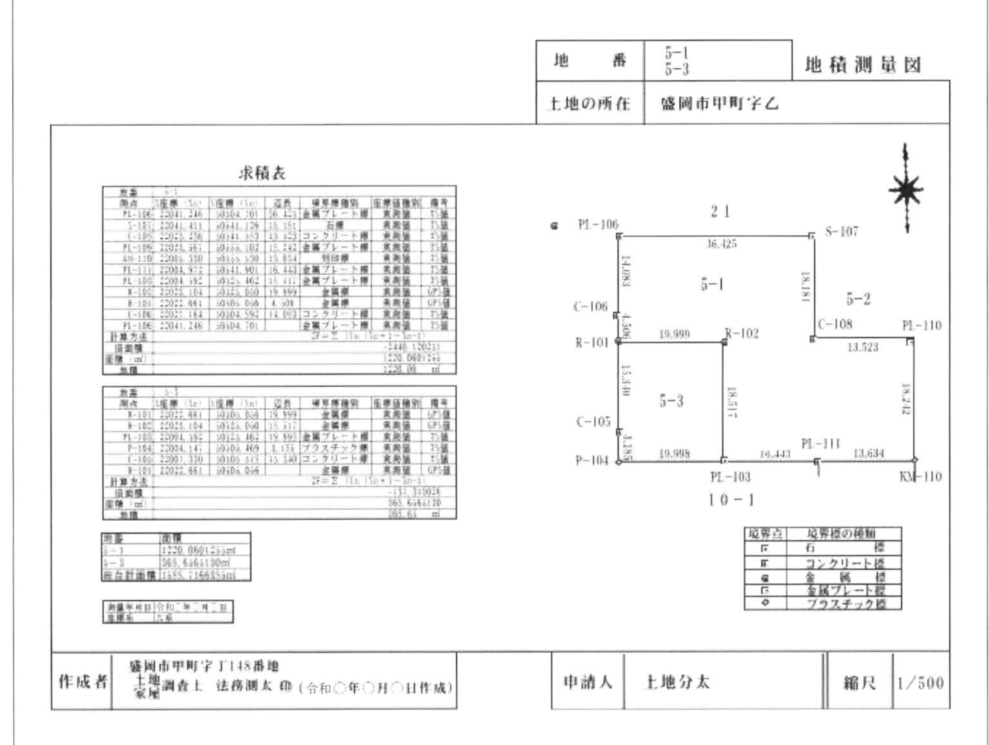

（出典：盛岡地方法務局ホームページ（https://houmukyoku.moj.go.jp/morioka/content/000133359.jpg,（2021.9.8））を加工して作成）

③ 建物図面・各階平面図は、建物の表示に関する登記の際に添付して提出される書面です。

建物図面は建物の位置及び形状を明確にしている図面です。各階平面図は建物の各階の形状と床面積等を表示している図面です。

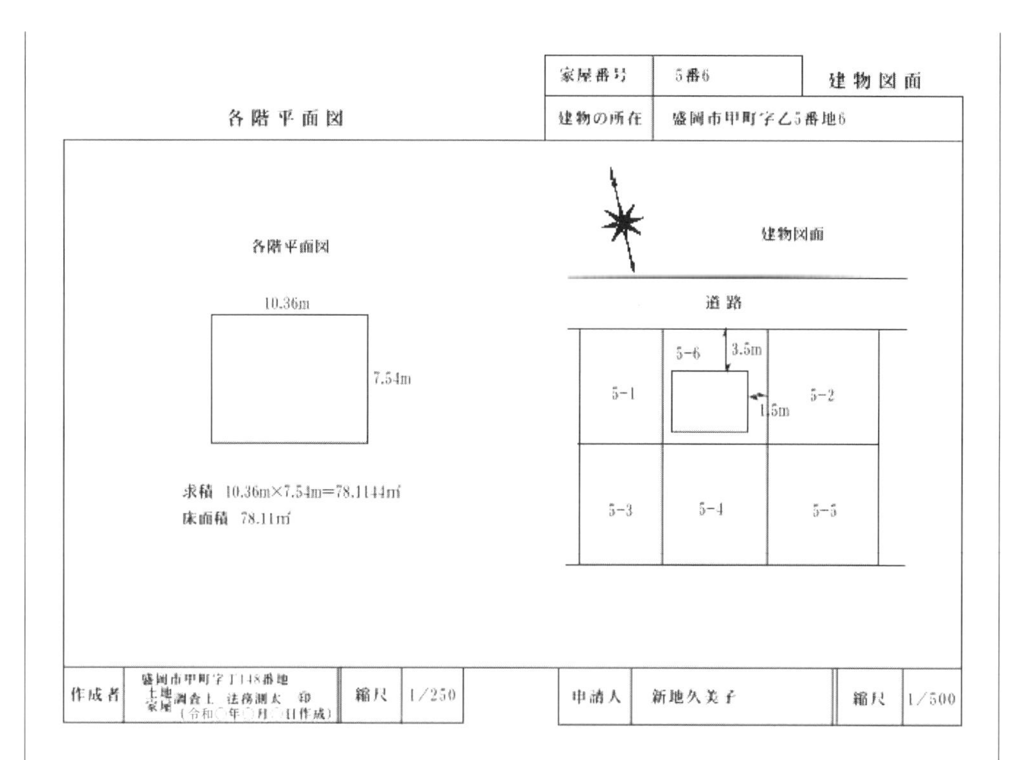

（出典：盛岡地方法務局ホームページ（https://houmukyoku.moj.go.jp/morioka/content/000133358.jpg,（2021.9.8））を加工して作成）

以上の図面を取得することで、その敷地の面積は図面上で計算が可能となります。そのため、多くの事例では、その図面によって面積を求めることができますので、現地での現況確認は欠かせませんが、測量などは必要ありません。

【59】 相続税の税務調査を受けて修正申告をする場合の提出のタイミングは

令和元年に亡くなった母の相続税の税務調査を受け、相続人名義の預金が母の相続財産と判定され修正申告することになりました。

その際、相続人名義の預金については、誰が相続するか共同相続人（長男と長女）で遺産分割をすることになり、協議に時間を要した結果、長男が全て相続することになりました。

修正申告書は、遺産分割協議が調う前に提出した方がよいのでしょうか。それとも、分割協議が調ってから提出する方が有利でしょうか。

●落とし穴	遺産分割協議が調ってから修正申告書を提出すると、修正申告に係る相続税額に附帯税（過少申告加算税や延滞税）が加算される。 未分割で修正申告書を提出後、遺産分割協議が調った後に更正の請求や修正申告書を提出する場合と比較して附帯税の計算に不利益が生じる。

○対応策	未分割で修正申告書を提出し、その後、遺産分割協議が調ったら、長女は更正の請求を、長男は修正申告書を提出する。その場合、長女は、未分割で修正申告書を提出した際に課された過少申告加算税及び延滞税が一部取り消される。

解　説

申告内容に誤りがあり、修正申告を行うこととなった場合でも、その財産が遺産分割協議を必要とするときには、未分割により修正申告書を提出し、後日遺産分割協議が調った後に「更正の請求」及び「修正申告」を行う方法と、分割協議を調えた後に修正申告書を提出する方法のいずれの方法によるかによっては附帯税の負担が異なってきます。そこで、附帯税の負担の差異について、【設　例】で検証することとします。

【設　例】附帯税の負担の差異

1．被相続人　母（令和元年7月1日死亡）

2．相続人　長男・長女

3．母の遺産　3億円

4．遺産分割　法定相続分によって相続する。

5．相続税　6920万円

6．母の税務調査の結果

4000万円の相続人名義の預金が母の相続財産と認定された。

7．修正申告書の提出

令和3年4月1日に提出し、相続税を納税した。

(1)　6.の相続財産については、未分割財産として修正申告書を提出し、その後、遺産分割協議が調い長男が全額相続することとなったため、長男は修正申告書を、長女は更正の請求書を提出した。

(2)　6.の相続財産については、長男が全て相続することとする遺産分割協議を行い、修正申告書を提出した。

8．修正申告書提出による追徴税額等

（単位：万円）

	(1)の場合		(2)の場合	
	長　男	長　女	長　男	長　女
当初申告	15000	15000	15000	15000
修正申告	2000	2000	4000	－
課税価格	17000	17000	19000	15000
相続税の総額	8520		8520	
各人の算出税額	4260	4260	4761	3759
当初納税額	3460	3460	3460	3460
納付税額	800	800	1301	299
過少申告加算税（概算）	80	80	130	30
延滞税（概算）	21	21	34	8
追徴税額合計	901	901	1465	337

9. (1)における修正申告及び更正の請求

（単位：万円）

	(1)の場合	
	長　男	長　女
当初修正申告	17000	17000
＊分割協議後の修正申告（更正の請求）	2000	△2000
課税価格	19000	15000
相続税の総額	8520	
各人の算出税額	4761	3759
当初納税額	3460	3460
＊分割協議後の修正申告（更正の請求）による追徴税額	1301	299
当初修正申告による既納付税額	800	800
＊分割協議後の修正申告（更正の請求）による納付税額	501	△501
過少申告加算税	80	80
＊分割協議後の修正申告（更正の請求）による減額	−	△50
延滞税（概算）	34	8
＊分割協議後の修正申告（更正の請求）による減額	−	△8
＊分割協議後の修正申告（更正の請求）による追徴税額合計	501	△559

未分割遺産が分割されたことに基づき長男が修正申告書を提出したときは、その修正申告には正当な理由がある（平12・7・3課資2−264・課料3−12・査察1−28）と認められ、過少申告加算税は課されません。また、延滞税の計算については、相続税の法定納期限の翌日からその修正申告書の提出があった日までの期間は、延滞税の額の計算の基礎となる期間に算入されない（相法51②）こととされています。

一方、長女は更正の請求によって、修正申告における追徴税額が減額されたことに伴い、当初の修正申告に係る過少申告加算税及び延滞税については、減額部分の附帯税（加算税、利子税及び延滞税）は取り消されます（昭44・3・31徴管2−33・直資2−9・直審（資）2）。

その結果、(2)の修正申告書の提出当初から分割協議が調った場合と比較すると、長女の過少申告加算税及び延滞税が一部取り消されることにより、58万円税負担は少なくなります。

【参考通知】「相続税、贈与税の過少申告加算税及び無申告加算税の取扱いについて（事務運営指針）」（平12・7・3課資2－264・課料3－12・査察1－28）

第1　過少申告加算税の取扱い

（過少申告の場合における正当な理由があると認められる事実）

1　通則法第65条の規定の適用に当たり、例えば、納税者の責めに帰すべき事由のない次のような事実は、同条第4項に規定する正当な理由があると認められる事実として取り扱う。

(1)・(2)　〔略〕

(3)　相続税の申告書の提出期限後において、次に掲げる事由が生じたこと。

イ　相続税法（以下「法」という。）第51条第2項各号に掲げる事由

ロ　〔略〕

〔以下略〕

相続税法51条2項において、「次の各号に掲げる」相続税について、当該各号に定める期間は、国税通則法60条2項（延滞税）の規定による延滞税の計算の基礎となる期間に算入しないとしています。

相続税法51条2項1号ハでは、相続税法32条1項1号から6号までに規定する事由が生じたこととし、相続税法32条1項1号では、未分割遺産が分割されたことにより課税価格が異なることとなった場合と規定しています。

【参考通知】「相続税を課した未分割遺産が、その後協議分割された場合、減額更正した相続税の附帯税の処理について」（昭44・3・31徴管2－33・直資2－9・直審（資）2）

未分割遺産が共同相続人等の協議により分割されたことに基づく相続税額の減額更正の効果は、その相続税が確定した当初にそ及するものと解すべきである。したがって、納付すべき相続税額を計算の基礎として課する相続税の附帯税（加算税、利子税および延滞税）についても当然に減額を要することになる。

なお、上記により相続税の附帯税について減額を行った場合において、その減額部分の附帯税を他の相続人等にいわゆる賦課換えを行うことについては、遺産取得者課税方式を採用している現行相続税法のもとではできないものと解するのが妥当であるから申し添える。

索　引

事項索引

【た】

【ち】

【つ】

【と】

【な】

【に】

【の】

税理士が陥りやすい　相続対策の落とし穴
ー「争族」防止・納税資金
・税額軽減・納税申告ー

令和３年11月９日　初版発行

著　者　山　本　　和　義

発行者　新日本法規出版株式会社
代表者　星　　謙一郎

発行所　新日本法規出版株式会社
本　　社
総轄本部　(460-8455)　名古屋市中区栄１－23－20
電話　代表　052(211)1525
東京本社　(162-8407)　東京都新宿区市谷砂土原町２－６
電話　代表　03(3269)2220
支　　社　札幌・仙台・東京・関東・名古屋・大阪・広島
高松・福岡
ホームページ　https://www.sn-hoki.co.jp/

ISBN978-4-7882-8938-3
5100191　相続対策落とし穴